Photographic Portraits Berlin

Alan Luft

KEHRER

For my mother and father
Für meine Mutter und meinen Vater

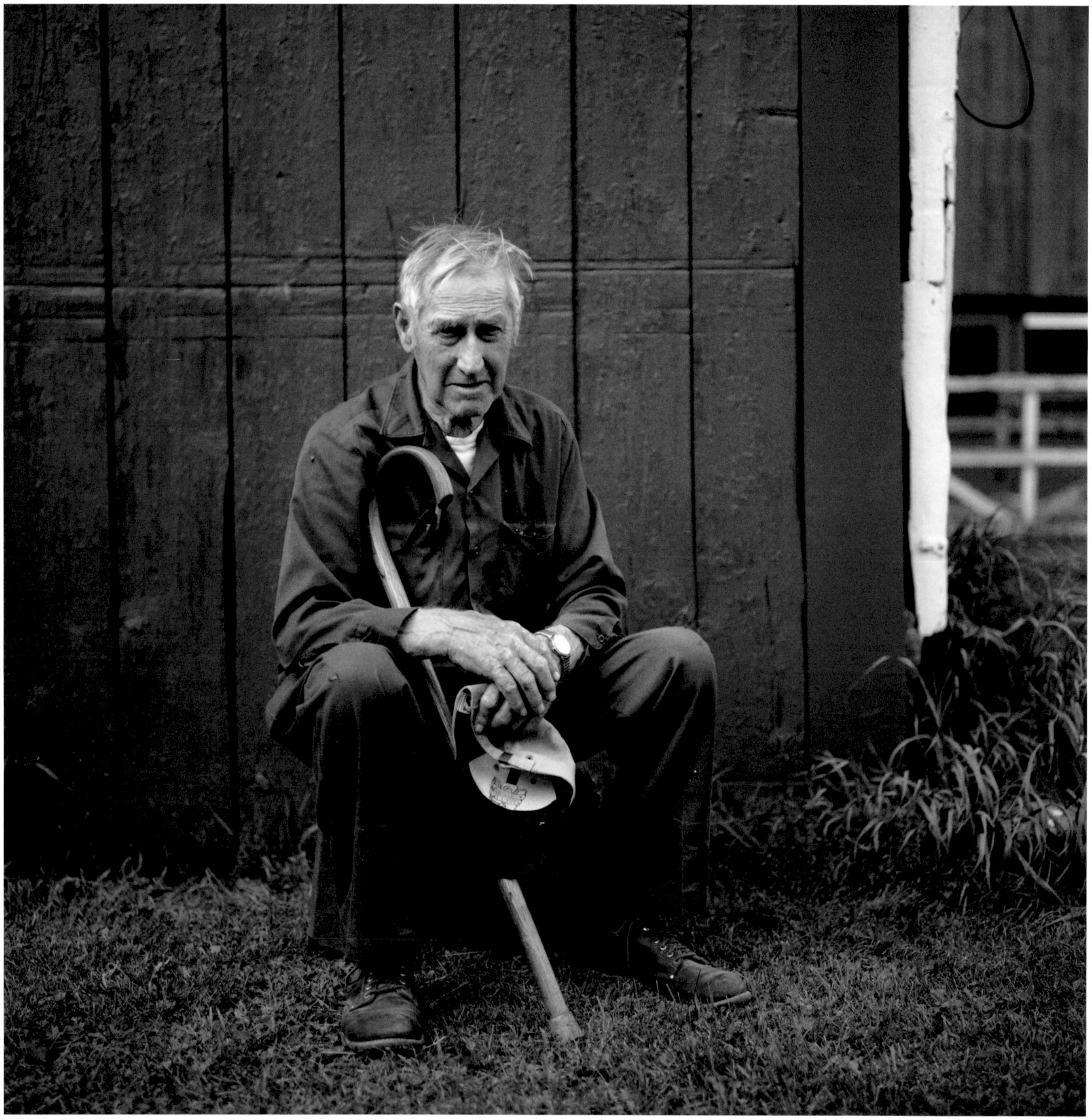

My father in front of the granary, Township of Fredonia, Wisconsin, 2004

Mein Vater vor dem Getreidespeicher, Township of Fredonia, Wisconsin, 2004

Alan Luft

Ich bin der Urenkel deutscher Einwanderer, die sich in der ländlichen Gegend um Fredonia in Wisconsin niederließen, in der viele Deutsch-Amerikaner lebten. Meine Eltern waren Bauern und mein Vater war auch Mechaniker und hatte seinen eigenen Reparaturbetrieb. Zu Hause wurde Deutsch gesprochen, besonders unter meinen Eltern und Großeltern. Die meisten Vorfahren waren in den frühen 1850er-Jahren nach Amerika eingewandert. Über hundert Jahre lang hielten diese Menschen an der deutschen Sprache fest. Diese Sprachtradition endete erst 1979 mit dem Tod meiner Großmutter väterlicherseits.

In vielerlei Hinsicht assimilierte sich meine Familie nie ganz vollständig. Als Bauern waren sie Selbstversorger, bauten Nutzpflanzen an und schlachteten ihre eigenen Tiere. Alles wurde in Scheunen, Maisspeichern, Getreidespeichern, Rübenkellern und später in Gefriertruhen aufbewahrt. Der unabhängige Geist der Familie wurde von Generation zu Generation weitergegeben und hat auch meine eigene Lebens- und Denkweise beeinflusst.

Meine Eltern waren nicht besonders politisch, und kulturell zogen sie keine Aufmerksamkeit auf sich. Sie standen aber dem amerikanischen Kapitalismus zutiefst kritisch gegenüber. Wie viele andere, die die Weltwirtschaftskrise der 1930er-Jahre erleben mussten, versteckten sie immer etwas Bargeld auf dem eigenen Hof, weil sie den Banken niemals ganz trauten. Leider erwiesen sich die Skepsis und die Sorgen meiner Eltern als allzu berechtigt. Als junger Mann habe ich ausuferndes Spekulantentum und den Ausverkauf des Landlebens während der Präsidentschaften Jimmy Carters und Ronald Reagans miterlebt. Die damalige Agrarpolitik in den USA zerstörte die Lebensgrundlage sowohl meines eigenen Dorfes wie auch die der umliegenden Landkreise.

1978 zog ich von zu Hause aus, um an der Universität Kunst und Geschichte zu studieren. Ich konzentrierte mich vor allem auf Zeichnen, Druckgrafik, Fotografie und Video. An der Universität hatte ich zunächst eine sehr kritische Einstellung gegenüber meiner eigenen bäuerlichen Gesellschaftsschicht, jedoch war ich auch sehr naiv in meiner Vorstellung von der Universität als eines utopischen Ortes. Zu diesem Zeitpunkt befand ich mich in Auflehnung gegen die Regeln meiner eigenen Familie, zum Beispiel gegen die Erwartung, dass ich eine deutsche Protestantin heiraten sollte. Meine Familie gab mir zwar

Alan Luft

I am the great-grandson of German immigrants who settled in the rural township of Fredonia, Wisconsin, an area populated by German-Americans. My parents farmed and my father was also a mechanic with his own repair shop. German was spoken at home, especially between my parents and grandparents. Most of my family arrived in America during the early 1850s. For more than one hundred years these elders retained German as their first language. This linguistic practice came to an end in 1979 with the death of my paternal grandmother.

In many ways my family never fully assimilated to the American experience. As farmers they were self-sufficient, growing their own food and butchering the animals they raised. They stored everything in barns, corncribs, granaries, root cellars, and later chest freezers. This independent spirit was passed down from generation to generation and has greatly influenced my own way of existence and thinking.

My parents were not overtly political, and culturally they did not call attention to themselves. However, they were deeply critical of American-style capitalism. Like many others who experienced the Great Depression, they always hid some cash on their property because they did not entirely trust the banking system. The skepticism and concerns of my parents unfortunately came true. As a young man I witnessed speculative economic actions and the commodification of rural life during the Carter and Reagan administrations. These corporate agricultural policies destroyed the local economies of my village and surrounding communities.

In 1978 I left home to pursue university studies in studio art and history with eventual concentrations in drawing, printmaking, photography and video. I arrived on campus critical of my own social class yet naïve in my vision of academia as a utopian environment. At this point I was also in rebellion against my family's restrictions, for example the encouraged tradition of marriage to a German Protestant. Although my family gave me some wonderful values during my formative

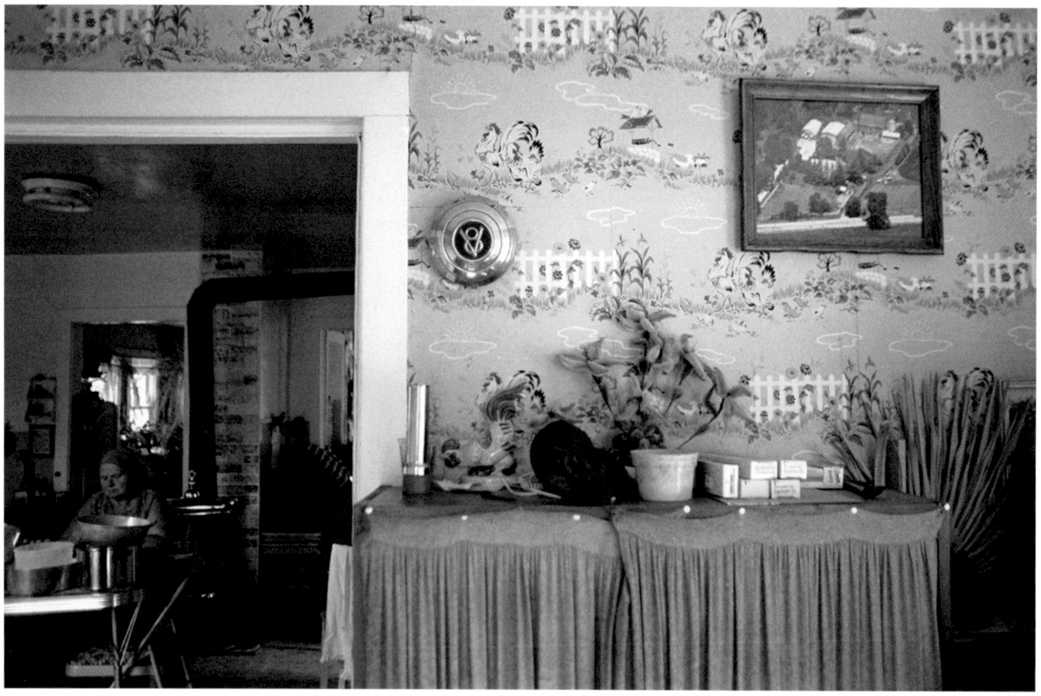

My mother in her kitchen, Township of Fredonia, Wisconsin, 1985
Meine Mutter in ihrer Küche, Township of Fredonia, Wisconsin, 1985

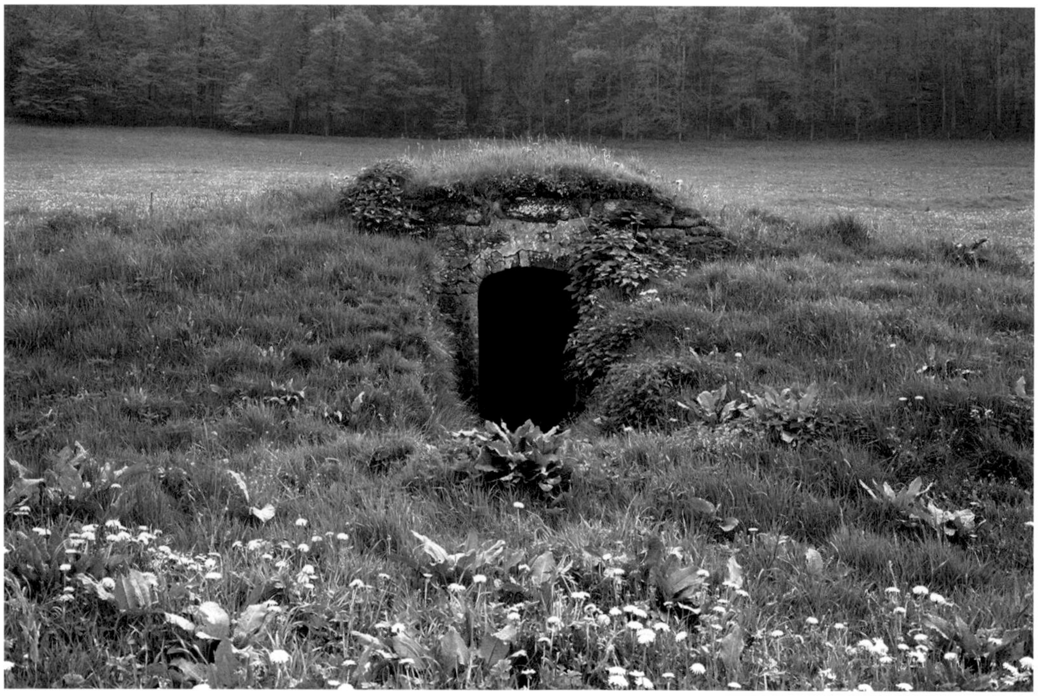

Root cellar at my great-great-grandfather's birth house, Lippersdorf, Thuringia, Germany, 2009
Rübenkeller neben dem Geburtshaus meines Ururgroßvaters, Lippersdorf, Thüringen, 2009

wichtige Wertbegriffe mit auf den Weg, aber die Isolierung des deutschsprachigen Bauerndorfes, aus dem ich stammte, spornte mich an, auch andere Orte und Menschen aufzusuchen.

Erst an der Universität wurde mir bewusst, dass es so etwas wie Herablassung aufgrund der Zugehörigkeit zu einer bestimmten Klasse oder Schicht gibt. Ich kletterte zwar in dieser akademischen Welt weiter hinauf, aber mir wurden auch die negativen Eigenschaften dieses Systems immer bewusster. Diese Begegnungen befremdeten mich, und zunehmend fühlte ich mich gerade von Außenseitern in der bildenden Kunst, in der Musik, in der Literatur und im Film angezogen. Erst in dieser Zeit wurde ich mir meiner eigenen Identität bewusst. Als ich zum ersten Mal August Sanders Fotografien der Einwohner des Westerwalds sah, war ich sehr fasziniert, weil diese Menschen mich an die deutschstämmigen Bauern erinnerten, unter denen ich aufgewachsen war, besonders an meine Großtanten Frieda und Herta. Solche Erfahrungen zogen mich immer mehr zur akademischen Betrachtung von Deutschland und seiner Kultur und vor allem nach Berlin, dem Zentrum dieser Welt.

Die Demografie der Berliner Bevölkerung bildet das Hauptthema meines fotografischen Projekts. Ich ziehe meine Inspiration aus dem Leben der Stadt in der Gegenwart und auch in der Vergangenheit, vor allem aus den kulturellen Höhepunkten der Weimarer Republik und später Westberlins. Diese Epochen waren durch Stile und Gestalten geprägt, die immer noch in mir nachhallen, besonders Außenseiter, Dissidenten, Eigenbrötler oder Abenteurer. Einfluss auf mich haben Werner Herzog und Wim Wenders, Hannah Höch, Otto Dix und George Grosz, Yva, Werner Schroeter, Iggy Pop, David Bowie, Lou Reed und auch viele andere gehabt. Ich wünschte mir, ich hätte Bruno S. auf irgend einer Berliner Straße, in einem Hinterhof oder in einer Kneipe über den Weg laufen können. Es wäre schön gewesen, ein Porträt von ihm zu machen oder ihm zu sagen, dass eine meiner Lieblingsszenen in der Geschichte des Kinos diejenige ist, in der Kaspar Hauser ausgerechnet den Logikprofessor auf seinem ureigenen Gebiet überlistet. All diese Menschen sind für mich Berlin. Das Wesen ihrer Arbeit fällt unter Stuart Halls Begriff von der Kultur als weder „hoch“ noch „niedrig“, sondern egalitär. Das ist auch das Ziel meiner eigenen Arbeit.

Seit 1985 habe ich über 15 000 Negative in Berlin gemacht, hauptsächlich mit der Mittelformatkamera. Ich habe Menschen in ihrer häuslichen Umgebung, am Arbeitsplatz und auf den Straßen Berlins fotografiert. Ich lerne die von mir Porträtierten

years, the insularity of this German-speaking farming community also put me on the path to seek out different places.

Academia is where I first became aware of class condescension. As I scaled the ladder of the credentialed world, I became more conscious of some negative traits within the system. These encounters alienated me, and I found myself gravitating toward themes of the outsider in visual art, music, literature, and film. This early period as a student is when I fully realized my own identity. When I first saw August Sander's photographs of inhabitants from the countryside of Westerwald, I was fascinated because they reminded me of the ethnic German farmers I grew up with, especially my great-aunts Frieda and Herta. All of these experiences pushed me toward German Studies, and in particular to the center of that world, Berlin.

Berlin's population demographics provide the subject matter for my photographic project. I draw inspiration from contemporary life in the city as well as its past, specifically the cultural activities of the Weimar and West Berlin eras. These periods offer certain styles that resonate with me, such as outsider, dissident, misfit, or adventurous. My influences have their origin in Werner Herzog and Wim Wenders, Hannah Höch, Otto Dix and George Grosz, Yva, Werner Schroeter, Iggy Pop, David Bowie, Lou Reed, and many others. I also wish I could have met Bruno S. on some Berlin street, courtyard, or bar. It would have been nice to make a portrait, or to tell him one of my favorite moments in film history is when Kaspar Hauser outwits the professor of logic. All of these individuals represent my Berlin. The essence of their work falls under Stuart Hall's definition of culture as neither high nor low, but egalitarian. This is also the goal for my own work.

Since 1985 I have made over fifteen thousand primarily medium format negatives in Berlin. I have photographed people in their homes, workplaces, and on the streets of Berlin. I meet my subjects from word-of-mouth connections, but I also like to come across individuals through chance by walking the city, a practice inspired by the journeys of Herzog,

manchmal durch andere Bekannte kennen, aber sehr gerne laufe ich auch durch die Straßen der Stadt, um den Menschen durch Zufall zu begegnen. Das ist eine Praxis, die von den Reisen Herzogs, Hölderlins und Whitmans inspiriert ist. Ich mag diese Vorgehensweise, weil sie nicht wissenschaftlich ist, mir jedoch über dreißig Jahre einen guten Überblick über die Demografie der Stadt gegeben hat. Manche Menschen, von denen ich Porträts gemacht habe, beschreiben sich selbst als frei oder anonym, andere werden genauer: ein älterer deutscher Bohemien und ehemaliger klassischer Tänzer, der eine selbstgedrehte Zigarette raucht; ein sich in der eigenen Wohnung umarmendes türkisches Paar; polnische, deutsche und ukrainische Jahrmarktsarbeiter; albanische Boxer und irakische Fußballspieler; ein türkischer Tourist, der seine Kinder bei der Statue im Schillerpark filmt; Menschen aus der schwulen, lesbischen, bisexuellen, oder Transgender-Gemeinschaft am Christopher Street Day oder in ihrem normalen Alltagsleben; kürzlich aus Afghanistan und Nigeria angekommene Familien; libanesisch-deutsche Kinder; litauische Hausbesetzer; ein vietnamesisch-deutscher Breakdancer; deutsche Kellnerinnen; deutsche Wanderzirkusse im Familienbesitz; ein junger kurdischer Mann, der im Wedding eine Wasserpfeife raucht; deutsche und russisch-jüdische Skateboarder; Afrikaner aus Benin, Kamerun, der Demokratischen Republik Kongo, Gambia und Kenia.

Durch meine Arbeit in Berlin konnte ich auch meine eigene Identität besser verstehen und umdefinieren. Was mich besonders inspiriert, ist die Umwandlung der Stadt nach ihrer tragischen Vergangenheit. In vielerlei Hinsicht haben sich heute der wilde Geist und die demokratischen Visionen der Weimarer Republik verwirklicht. Berlin heute ist eine vielfältige Mischung von Menschen, und für mich nimmt die Stadt die Gestalt der Zukunft auch anderswo vorweg. In der Geschichte geht es immer um einzelne Menschen, die sich anpassen und die von Ort zu Ort ziehen. Meine Fotografien bejahen diese Wirklichkeit und bieten eine ganz eigene Darstellung der Stadt seit dem Mauerfall.

Hölderlin, and Whitman. I like this process because it is non-scientific, yet it has offered me a good representation of city demographics in the thirty years of the project. Some of the people I've taken portraits of describe themselves as free or anonymous, others are more specific: an older German bohemian and former classical dancer smoking a hand-rolled cigarette; a Turkish couple embracing in their home; Polish, German, and Ukrainian carnival workers; Albanian boxers and Iraqi soccer players; a Turkish tourist videotaping his children by the Schiller Park statue; individuals from the LGBT community celebrating at Christopher Street Day or depicted in daily life; newly arrived families from Afghanistan and Nigeria; Lebanese-German children; Lithuanian squatters; a Vietnamese-German break dancer; German waitresses; family-owned itinerant German circuses; a young Kurdish man smoking a water pipe in Wedding; German and Russian-Jewish skateboarders; Africans from Benin, Cameroon, the Democratic Republic of Congo, Gambia, and Kenya.

My work in Berlin has helped me understand and redefine my own identity. What inspires me is the transformation of the city from its tragic past. In many ways the wild spirit and democratic visions of 1920s Weimar culture have come true. Berlin today is a diverse mix of people, and I think it represents what the future will look like elsewhere. History is about individuals adapting, changing, and moving from one place to another. My Berlin photographs embrace that reality and offer a unique record of the city in the post-Wall period.

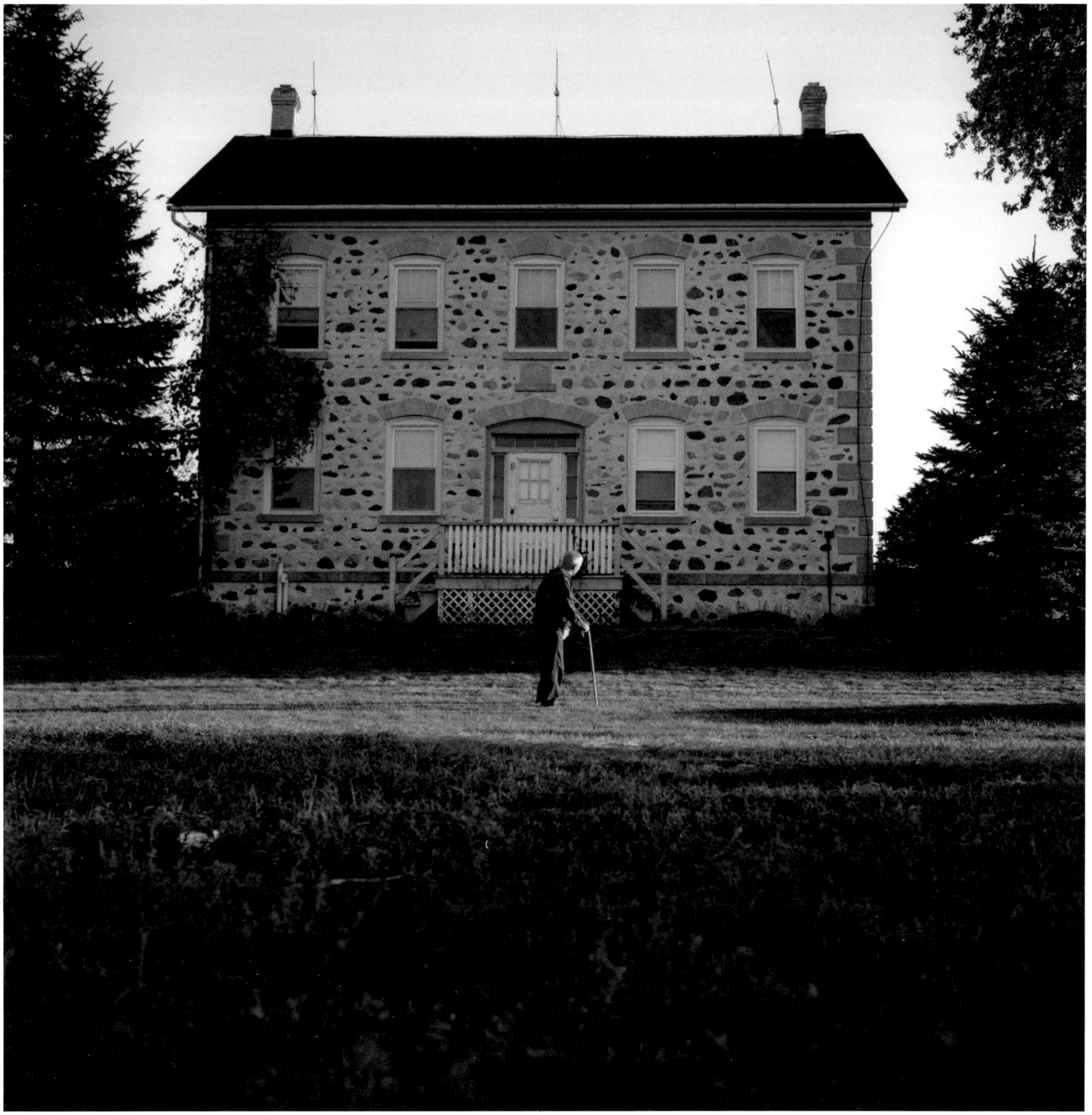

My father at his birth house, Township of Fredonia, Wisconsin, 2005

Mein Vater vor seinem Geburtshaus, Township of Fredonia, Wisconsin, 2005

Stephen Brockmann

Alan Luft verbrachte seine Kindheit in einem deutsch-amerikanischen Dorf, Waubeka im Bundesstaat Wisconsin, in den 1960er- und 1970er-Jahren. Wisconsin befindet sich im nördlichen Mittelwesten der Vereinigten Staaten, südlich von Kanada und nördlich von Chicago. Dieser Bundesstaat hat eine der größten Populationen von deutschstämmigen Amerikanern in den USA: über 42 Prozent der Bevölkerung Wisconsins hat deutsche Vorfahren. Einige Generationen lang lebten diese Deutsch-Amerikaner in verhältnismäßig abgeschlossenen Gemeinden, sprachen Deutsch und gaben ihre sprachlichen und kulturellen Traditionen an die Nachkommen weiter. Erst mit der Generation von Alan Lufts Eltern – der dritten Generation nach der Einwanderung – wurde diese familiäre Sprachtradition aufgegeben. Ohne Zweifel liegt der wichtigste Grund für den Rückgang der deutschen Sprache innerhalb der Familie im Zweiten Weltkrieg. Alan Lufts Vater Warren Luft (1923–2007) wurde in die US-Armee eingezogen und kämpfte gegen das nationalsozialistische „Dritte Reich" – wie viele andere junge Deutsch-Amerikaner, die ihren Patriotismus unter Beweis stellen mussten. Seine ersten Kampfhandlungen erlebte Warren Luft in Belgien während der Ardennenoffensive im Winter 1944–1945, und nach dem Ende dieser Schlachten musste er, zusammen mit unzähligen anderen amerikanischen Soldaten, das Land, aus dem seine Vorfahren einst ausgewandert waren, erobern und besetzen helfen. Dass Warren Luft es nach diesen schrecklichen Erlebnissen vorzog, die deutsche Sprache, mit der er selbst aufgewachsen war, nicht mehr an die eigenen Kinder weiterzugeben, ist nicht überraschend. Seine Kinder sollten als englischsprachige Amerikaner aufwachsen.

Alan Lufts ländlicher Hintergrund ist keineswegs typisch für einen Künstler, dessen Hauptwerk vor allem mit einer der großen Hauptstädte der modernen Welt verbunden ist. Gerade dieser Hintergrund erinnert jedoch an eine bestimmte Tradition amerikanischer Kunst, die oft übersehen wird. Die Kunst in den USA drehte sich niemals nur um Weltstädte wie New York, Chicago oder Los Angeles. Sie bezog sich auch stets auf Traditionen und Bilder aus dem ländlichen oder kleinstädtischen Leben Amerikas. Gerade Wisconsin, ein Bundesstaat, der für viele Europäer zu jenem riesigen,

Stephen Brockmann

Alan Luft grew up in the small German-American farming community of Waubeka, Wisconsin, in the 1960s and 1970s. Wisconsin, located in the northern midwest of the United States, south of Lake Superior and north of Chicago, has one of the largest proportions of ethnic Germans in the country: over 42 percent of Wisconsin citizens claim German ancestry. For several generations, many of these German-Americans lived in relatively separate communities, spoke German, and passed on their language and cultural traditions to their young people. It was not until the generation of Alan Luft's parents—the third generation of Luft's ancestors to live in Wisconsin—that the tradition of speaking German came to an end in the family. No doubt one of the reasons for the decline of this linguistic tradition was World War Two. Alan Luft's father Warren Luft (1923–2007) was drafted into the U.S. army and fought against the Nazi Third Reich—like so many other young German-American men called upon to prove their patriotism. Warren Luft first saw combat in Belgium during the Ardennes Offensive in the winter of 1944–1945, and after those battles were over, he helped to invade and occupy the country from which his ancestors had emigrated several generations earlier. It is perhaps not altogether surprising that, after such a horrendous experience, Warren Luft chose not to pass on to his own children the German language with which he himself had grown up. His children were to be raised as English-speaking Americans.

Alan Luft's small-town Wisconsin background is by no means typical for an artist whose major work is primarily connected to one of the world's great capital cities, and yet it resonates strongly with a particular tradition of American art. Art in the United States has never just been about big cities like New York, Chicago, or Los Angeles. It has also invoked the traditions and images of rural and small-town life. Wisconsin, which for so many Europeans is part of the vast American interior between New York and California sometimes dismissively referred to as "fly-over country," has its own powerful artistic legacy,

oft „flyover country" genannten amerikanischen Inneren zwischen New York und Kalifornien gehört, hat eine eigene bedeutende künstlerische Tradition, besonders auf dem Gebiet der Fotografie. Der große amerikanische Fotograf Edward Steichen begann seine Karriere in Milwaukee, Wisconsins größter Stadt, wo er und seine Freunde die Milwaukee Art Students League gründeten. Eines der bekanntesten Beispiele für das fotografische Erbe Wisconsins ist der Band *Wisconsin Death Trip*, eine Sammlung der Bilder des Kleinstadt-Fotografen Charles Van Schaik, die 1973 vom Schriftsteller Michael Lesy herausgegeben wurde. Diese Fotografien, und ihre Veröffentlichung zusammen mit Auszügen aus zeitbezogenen Berichten aus der Lokalpresse, vermitteln ein Gefühl existenzieller Endlichkeit und bekräftigen – wie im Übrigen alle Fotografien von Menschen – die Gewissheit, dass das menschliche Leben unausweichlich mit dem Tod endet. Das Buch *Wisconsin Death Trip*, das im gleichen Jahr wie Andy Warhols Mao-Porträts und auch sein Film *Flesh for Frankenstein* (Regie: Paul Morrissey) erschien, erinnerte die amerikanische Kunstszene der 1970er-Jahre daran, dass es auch außerhalb von New York City interessante Geschichten gab, jenseits der Welt des konventionellen oder auch unkonventionellen Glamours. Alan Luft ging noch zur Schule, als Lesys *Wisconsin Death Trip* erschien, aber als er dann Ende der 1970er-Jahre nach Madison kam, Wisconsins Hauptstadt und Sitz seiner weltberühmten Universität, um genau dort Kunst zu studieren, wo Lesy selbst Student gewesen war, hatte diese Sammlung schrulliger Kleinstadt-Fotografien bereits Kult-Status in der amerikanischen Kunstwelt erlangt.

Lufts Umzug nach Madison und seine Entscheidung, eine künstlerische Laufbahn einzuschlagen, muss als Reaktion auf, ja, sogar als Flucht vor seiner ländlichen Herkunft angesehen werden. Schließlich war Luft der erste bildende Künstler in seiner Familie, und er und sein älterer Bruder Frederick, der Musik studierte, waren überhaupt die allerersten Familienmitglieder mit einem Universitätsabschluss. In diesem Sinne waren Lufts Anfänge als Künstler unzweifelhaft mit kulturellen Umbrüchen und jugendlicher Rebellion verbunden, die in den 1960er- und 1970er-Jahren über die USA hinwegfegten. Luft jedoch verwarf nicht einfach seine kulturellen Wurzeln, wie es manche andere in seiner Generation taten; vielmehr bekannte er sich zu diesen Wurzeln, wenn auch durchaus oft kritisch. Alan Lufts bewegende Porträts seines Vaters zeugen von einer tiefen Liebe und Bewunderung für Warren Lufts unbedingte Menschlichkeit

particularly in photography. The great American photographer Edward Steichen, for instance, got his start in Milwaukee, Wisconsin's largest city, where he and his friends formed what they called the Milwaukee Art Students League. One of the most renowned examples of Wisconsin's photographic legacy is the volume *Wisconsin Death Trip*, a compilation of images by the small-town photographer Charles Van Schaick put together by the writer Michael Lesy in 1973. These photographs, and their juxtaposition with each other and with excerpts from local newspaper reports, capture a sense of pervasive, existential finitude, reinforcing—as all photography of human beings necessarily does—the notion that human life must, inevitably, end in death. Coming in the same year as Andy Warhol's portraits of Mao or his film *Flesh for Frankenstein* (directed by Paul Morrissey), Lesy's *Wisconsin Death Trip* reminded the art world of the 1970s that there were stories of interest even outside New York City, and beyond the world of conventional or unconventional glamour. Alan Luft was still a schoolboy when *Wisconsin Death Trip* appeared, but by the time he came to Madison, Wisconsin's capital and the site of its world-class university, at the end of the 1970s to study art in the same place where Lesy himself had studied, this collection of strange small-town photographs had already achieved cult status in the American art world.

Luft's move to Madison, and his decision to embark on a life as an artist, must be seen as a reaction to, and an attempt to extricate himself from, his rural roots. After all, Luft was the first visual artist in the history of his family, and he and his older brother Frederick, who studied music, were the first members of the family to get a university education. In this sense Luft's early artistic practice is undoubtedly connected to the cultural ferment, and youthful rebellion, that swept across the United States in the 1960s and 1970s. Yet Luft did not simply reject his cultural roots, as some other members of his generation did; rather, he embraced those roots in a critical way. Alan Luft's moving portraits of his father show a deep love and admiration for Warren Luft's fundamental humanity, and a respect for his achievements; and the

wie auch von großem Respekt vor den Leistungen des eigenen Vaters; und Lufts Faszination mit und wiederholte Reisen nach Deutschland belegen eine durchaus amerikanische Neugier, mehr über die geschichtlichen und kulturellen Wurzeln der eigenen Familie zu erfahren. Bei seinen Reisen nach Deutschland sucht Alan Luft den anderen in sich selbst und sich selbst im anderen. Dieser Wunsch nach Selbstfindung erklärt zum Teil die starke, inzwischen drei Jahrzehnte andauernde Verbindung mit der Familie Akyol in Berlin. Wie Luft selbst, kamen die Akyols ursprünglich aus einer ländlichen Gegend und zogen in die Großstadt um. In seinen Begegnungen mit dieser deutsch-türkischen Familie, die er zufällig in ihrem Schrebergarten nahe der Berliner Mauer kennengelernt hatte, macht der Fotograf sich, aus einem anderen Blickwinkel, mit der deutsch-amerikanischen Migrationsgeschichte seiner eigenen Familie bekannt. Eines dieser Bilder zeigt die kleine Tochter der Akyols mit einer blonden Puppe im Jahre 1987. Ein zweites Bild aus dem Jahr 1999 zeigt dieselbe Tochter, nun mit ihrem ersten Kind. Zusammengenommen wie auch einzeln sind die Akyol-Bilder Reflexionen Lufts über seine eigene Herkunft und Identität. Im einen Fall sind es nach Amerika ausgewanderte deutsche Protestanten, im anderen Fall nach Deutschland ausgewanderte türkische Muslime. In beiden Fällen aber hat man einen ländlichen Hintergrund, wirtschaftliche Probleme, Migration, Akkulturation, Familienzusammenhalt und die Beständigkeit kultureller Traditionen trotz vieler Veränderungen. Die Großmut und Freundlichkeit im Werk Alan Lufts zeigt sich hier darin, dass er das allen Menschen Gemeinsame in den Blick nimmt, anstatt ausschließlich kulturelle Unterschiede zu betonen. Seine eigene Familie in Waubeka und die Akyols in Berlin behandelt er mit der gleichen grundsätzlichen Achtung. Jede Familie hat viele Geschichten zu erzählen, und jede Geschichte verdient Aufmerksamkeit.

Auch wenn die überwiegende Mehrheit von Lufts Bildern in Berlin aufgenommen wurde – in den letzten dreißig Jahren hat er etwa 15 000 Fotografien in der deutschen Hauptstadt gemacht – bleibt er durchaus ein Fotograf aus Wisconsin, und seine Anteilnahme an Berlin als spezifischem Ort wiederholt die Verbundenheit, die Lufts bedeutendste Generationsgenossen mit Wisconsin selbst haben. Zu den wichtigsten Fotografen dieser Generation, die Alan Luft an der Universität kennenlernte, gehören John Shimon (geboren 1961) und die inzwischen verstorbene Julie Lindemann (1957–2015). Wie Luft selbst hatten Shimon und Lindemann ländliche Hintergründe

photographer's fascination with, and multiple trips to, Germany, also give evidence of a quintessentially American curiosity about the family's ethnic and cultural roots. On his journeys to Germany, Alan Luft is seeking to discover both the other in himself, and himself in others. This drive for self-discovery helps to account for the photographer's strong connection to the Akyol family in Berlin, which by now has lasted for three decades. Like Luft himself, the Akyols originated from a rural background and moved to a large city. In his interactions with this Turkish-German family that he first met by chance in their garden near the Berlin Wall, Luft is also reacquainting himself, from a different angle, with the hyphenated German-American ethnicity of his own family. One of these photographs shows the Akyols' young daughter holding her blond doll in 1987. A second photograph from 1999 depicts the same daughter with her first baby. The photographs of the Akyols, together and separately, are echoes of, and elaborations on, Luft's reflections about his own identity. In the one case there are German Protestants moving to America; in the other, there are Turkish Muslims moving to Germany. Both cases, however, are stories of agricultural backgrounds, economic disruption, migration, acculturation, family bonds, and the persistence of tradition in spite of many changes. The generosity of spirit that characterizes Alan Luft's work expresses itself in the fact that, rather than focusing purely on cultural difference, he emphasizes human commonality. He treats his own family in Waubeka and the Akyols in Berlin with the same fundamental respect. Each family has multiple stories to tell, and every story deserves attention.

Although the vast majority of Alan Luft's work has been made in Berlin—over the course of the last three decades he has taken some 15,000 photographs in the German capital—he remains very much a Wisconsin photographer, and his attachment to Berlin as a specific physical place echoes the attachment that some of Luft's most important peers have to Wisconsin. Among Luft's primary contemporaries, whom he knew while studying art at the University of Wisconsin-Madison, are John Shimon (born in 1961) and the late Julie Lindemann (1957–2015), two

in Wisconsin und machten ihre Karrieren anschließend auch in Wisconsin selbst, nicht in einer der Hauptstädte der amerikanischen Kunst. Wie Luft machten Shimon und Lindemann fotografische Porträts von Menschen, die ausdrücklich ihre Einwilligung dazu gaben. Sie bezogen sich vor allem auf die Gegend um ihre Heimat im östlichen Wisconsin und auch auf andere kleinere und mittelgroße Städte im Bundesstaat, und sie widmeten gerade denjenigen Menschen Aufmerksamkeit, die sonst vielleicht gar nicht beachtet worden wären – besonders ausgegrenzte oder an den Rand gedrängte oder diejenigen, die abgeschlossene kulturelle Gemeinschaften bilden wollten. Luft, Shimon und Lindemann begannen ihre künstlerische Laufbahn zu der Zeit, als die Punk-Musikszene Ende der 1970er- und während der 1980er-Jahre auf ihrem Höhepunkt war, und sie teilten miteinander eine Faszination für dieses Milieu und für andere Gruppierungen von Künstlern oder Bohemiens. Eine 2001 von Luft gemachte Fotografie eines älteren deutschen Mannes, der eine Zigarette raucht – ein ehemaliger klassischer Tänzer, der sein Leben hauptsächlich einem alternativen Lebensstil widmete – zeigt noch Jahrzehnte später diese Faszination mit der Ausgrenzung und dem Wunsch, neue Arten von Gemeinschaft zu bilden.

Eine andere Quelle gegenseitiger Inspiration und Beeinflussung ist Lufts Freundschaft mit dem Fotografen Tom Jones (geboren 1964), ein weiterer Altersgenosse und ehemaliger Mitstudent an der Universität, der immer noch in Madison lebt und arbeitet. Jones ist ein Mitglied des Stammes der Ho-Chunk, einer von elf von der US-Regierung anerkannten Indianerstämmen in Wisconsin heute. Seit einiger Zeit widmet Jones sich in seinen fotografischen Arbeiten der Dokumentation des eigenen Volkes. Wie Shimon und Lindemann tritt auch Tom Jones in einen Austausch und ein Gespräch mit seinen fotografischen Sujets. Er behandelt sie nicht als Objekte, über die er verfügt, sondern als Personen mit eigenem Willen und eigenen Handlungen, die als Menschen grundsätzlich Achtung verdienen. Die Fotografien von Jones erinnern daran, dass auch das Wort Wisconsin von den ursprünglichen Einwohnern des Landes stammt: *Wishkonsing* (es bezeichnet in der Ojibwe-Sprache einen der großen Flüsse des Staates – den Wisconsin-Fluss, der nahe der Stadt Prairie du Chien in den Mississippi mündet). In den Arbeiten von Jones ist der Ho-Chunk-Stamm alles andere als ein exotisches, von außen betrachtetes Völkchen, vielmehr sind die Mitglieder dieses Stammes die ursprünglichen Einwohner des Landes, und es sind eher sie, die uns betrachten,

photographers who, like Luft himself, came from rural Wisconsin backgrounds and ultimately chose to make careers in Wisconsin rather than in one of the nation's major artistic centers. Like Luft, Shimon and Lindemann created photographic portraits with willing subjects. They focused primarily on their home region of east-central Wisconsin, and on other small and medium-sized Wisconsin towns, and they paid particular attention to figures who might otherwise escape notice, especially those who were socially marginalized or who were committed to separate cultural communities. Luft, Shimon, and Lindemann came of age as artists during the high point of the punk music scene in the late 1970s and 1980s and shared a fascination with that milieu and with other artistic or Bohemian communities. Luft's 2001 photograph of an older German man smoking a cigarette, a former classical dancer who had devoted most of his years to alternative living, echoes this fascination with marginalization and commitment to new kinds of community.

Another source of mutual inspiration and influence for Luft has been his friendship with the photographer Tom Jones (born in 1964), a contemporary and fellow former student at the University of Wisconsin who still lives and works in Madison. Jones, a member of the Ho-Chunk Nation, one of eleven federally recognized Native American tribes in Wisconsin today, is engaged in a long-term photographic project to document the people of his nation. Like Shimon and Lindemann, Tom Jones enters into an exchange with his subjects. He treats them not as objects but as human beings with agency and power who deserve respect because of their fundamental personhood. Jones's photographs are a reminder that the very word Wisconsin is itself Native American, coming from the Ojibwe name for one of the state's great rivers, *Wishkonsing* (the Wisconsin River, which flows into the Mississippi near Prairie du Chien, Wisconsin). In Jones's oeuvre, the Ho-Chunk are not an exotic tribe viewed from the outside; they are, rather, the country's original inhabitants, and in some ways it is they who are looking at us, rather than vice versa. One could say the same thing about Alan Luft's photographs. His subjects almost always return the gaze of the camera.

als umgekehrt. Man könnte das Gleiche von den Fotografien Alan Lufts behaupten. Seine Subjekte erwidern fast immer unerschrocken den Blick der Kamera.

Alan Lufts Fotografien sind durchaus verbunden mit denjenigen seiner Vorgänger und Generationsgenossen aus Wisconsin – Künstler wie Shimon, Lindemann oder Jones. Man spürt auch eine Verbundenheit mit dem aus Oshkosh stammenden Fotografen und Soziologen Lewis Hine, dessen Interesse für die amerikanische Einwanderungserfahrung und für Unterdrückung in der amerikanischen Gesellschaft sehr einflussreich war. Vor allem bedeutet Alan Lufts Einladung an Menschen, von ihm fotografiert zu werden, auch den Anfang eines Gesprächs mit ihnen. Dieser Austausch bildet ein Vertrauensverhältnis zwischen dem Fotografen und den von ihm Porträtierten, die immer ausdrücklich ihre Einwilligung geben, fotografiert zu werden, und die meistens direkt in die Linse der Kamera schauen. Die Einladung zu einem fotografischen Porträt ist zugleich auch eine Einladung zur Selbstdarstellung. Luft zwingt den Porträtierten keine besondere Identität von außen auf. Vielmehr dürfen sie sich selbst und ihre Identität so darstellen, wie sie wollen. Sie dürfen ihre eigene Geschichte erzählen. Manchmal spielen die Porträtierten mit traditionellen Ideen über ihre gesellschaftliche Identität – zum Beispiel im Bild eines jungen kurdischen Mannes im Stadtteil Wedding (2007), der eine Wasserpfeife in den Händen hält. Manchmal aber konterkarieren Lufts Subjekte solche traditionellen Ideen, wie zum Beispiel im Porträt zweier schwuler türkischer Männer in der Nähe des Berliner Tiergartens im Jahre 2006 (am Christopher Street Day, dem wichtigsten Fest schwuler Kultur in der deutschen Hauptstadt). Diese Männer tragen T-Shirts, die sie als „Türken" ausweisen, und der Umlaut im Wort „Türken" nimmt die Gestalt zweier Marssymbole an (dem Symbol für die männliche Homosexualität). Diese Männer haben keine Angst, den Betrachter sowohl mit ihrer eigenen Sexualität als auch mit ihrer türkischen Identität zu konfrontieren. Gleichzeitig behaupten sie durch ihre lockere Haltung, dass Homosexualität und türkische Identität ohne Weiteres und problemlos miteinander kompatibel sind. Die Haltung der Männer zeigt sich aber nicht nur in der Herausforderung an herkömmliche Identitätsbegriffe, sondern auch in dem Ausdruck einer liebevollen, gelassenen Intimität. Die Männer sind zwar durch das Marssymbol mit dem römischen Gott des Krieges verbunden, aber für sie ist Mars vor allem der Gott der Liebe.

Alan Luft's artistic practice is fundamentally informed by that of his Wisconsin contemporaries and predecessors, photographers like Shimon, Lindemann, and Jones. One also senses the enduring influence of his Oshkosh predecessor Lewis Hine, a photographer and sociologist whose fascination with the American immigrant experience, and with oppression in society, has had an important impact. Above all Luft's photography involves an invitation to, and a dialog with, his photographic subjects. This exchange establishes a relationship of trust between the photographer and his subjects, who always explicitly agree to be photographed and frequently look right into the eye of the camera. The invitation to photographic portraiture is also an invitation to self-presentation. Rather than imposing any particular identity on his subjects from the outside, Luft allows his subjects to present themselves, and their identity, as they wish—to tell their own story. Sometimes Luft's photographic subjects play with traditional notions about social identity (for instance a young Kurdish man in Wedding with a water pipe in 2007). At other times, Luft's subjects challenge traditional notions, as in the portrait of two gay Turkish men near the Tiergarten in 2006 (on Christopher Street Day, the city's most important celebration of gay culture), both with T-shirts that advertise them as Turks, and with an umlaut in the form of two Mars symbols (signifying male homosexuality). These men are not afraid to confront the viewer with their sexuality and their Turkish identity, and to assert the easy compatibility of the two. Yet the two men's posture bespeaks not just confrontation but also a comfortable, loving, intimacy. These men may be associated with the symbol of Mars, but for them the god of war is above all a god of love.

There is a powerful physicality to Alan Luft's photographic practice. He creates his photographs with an RZ 67 Mamiya camera placed on a tripod. Such equipment is generally used only in studio photography. Luft, however, takes this heavy equipment and carries it with him on his excursions through the streets of Berlin, thus making the city itself into his photographic studio. The portraits are arranged with the care of a studio photographer and an exact eye to photographic

Alan Lufts fotografische Praxis bedeutet durchaus auch eine körperliche Anstrengung. Er macht seine Bilder mit einer auf einem Stativ montierten RZ 67 Mamiya Kamera. Ein solches Gerät wird meistens nur in fotografischen Ateliers verwendet. Luft aber nimmt das schwere Gerät mit auf seine Ausflüge durch die Straßen Berlins, und dadurch macht er die Stadt selbst zu seinem Fotostudio. Er arrangiert seine Porträts genauso aufmerksam, wie ein Fotograf in einem Atelier das auch machen würde, mit einem besonderen Augenmerk auf fotografische Details. Das ist keine übliche Straßenfotografie und schon gar keine „Candid Camera", eine berühmte amerikanische Fernsehserie aus der Mitte des 20. Jahrhunderts, in der ahnungslose Menschen in merkwürdige Situationen gestellt wurden, um sie dann mit der Nachricht zu überraschen, dass sie heimlich gefilmt wurden. Vielmehr geht Alan Luft zu Fuß durch die Straßen Berlins und fängt mit jedem der Menschen, die er fotografiert, ein Gespräch an. Er ist ein Flaneur, der in einen Austausch mit anderen Flaneuren der Gegenwart eintritt. Manchmal, wie im Falle der Akyol-Familie, bleibt Luft über viele Jahre lang in Kontakt mit den von ihm porträtierten Menschen und kann die Entwicklung neuer Generationen und das Altern anderer miterleben. Aber manchmal ist die Begegnung ein einmaliges, einzigartiges Ereignis. Immer aber widersteht Luft – ähnlich wie seine bedeutendsten Altersgenossen – der Versuchung, die eigene Praxis zu vereinfachen, seine Arbeit zu digitalisieren oder mit Farben zu spielen. Lufts Arbeit, wie diejenige von Shimon und Lindemann, ist langsam, kontemplativ und dialogisch. Sie ist eine Einladung zum Innehalten, zum Beobachten und Nachdenken.

Eines der Vorbilder Lufts ist der Filmemacher Werner Herzog, ein wichtiger Repräsentant des neuen deutschen Films der 1960er- und 1970er-Jahre. Herzog ist ein Regisseur, dessen Vorliebe für die Authentizität und für eine manchmal anstrengende Körperlichkeit durchaus mit Lufts Praxis verwandt ist. Genauso wie Herzog hat Luft tiefes Mitgefühl für die oft Übersehenen, die aus der Gesellschaft Ausgegrenzten. Einer von Herzogs Protagonisten, Bruno Stroszek (gespielt von Bruno S. im Film *Stroszek*, 1977) sucht der Not im Westberlin der Siebzigerjahre zu entkommen, indem er ausgerechnet nach Wisconsin umzieht. Seit den 1980er-Jahren reist Alan Luft regelmäßig in die entgegengesetzte Richtung, von Wisconsin nach Berlin. Auch er interessiert sich vor allem für genau die Menschen, die in der heutigen Medienwelt oft übersehen oder ausgegrenzt werden. Auch Herzogs Zeitgenosse, der Regisseur

detail. This is not street photography, and it is certainly not "Candid Camera," a famous American television show from the middle of the twentieth century in which unsuspecting people were placed in strange situations and suddenly confronted with the fact that they were being filmed. Rather, the photographer walks through the city of Berlin and initiates a discussion with each of his photographic subjects. He is a flaneur entering into an exchange with other contemporary flaneurs. Sometimes, as in the case of the Akyols, Luft stays in long-term contact with his subjects and is able to witness the emergence and development of new generations and the aging of older ones. At other times the encounter is a one-time, unique event. In all cases, however, Luft, like his most important Wisconsin contemporaries, resists the temptation to take short cuts, to go digital, or to play with color. Luft's work, like that of Shimon and Lindemann, is slow, contemplative, and dialogical. It is an invitation to stop, take notice, and meditate.

One of Alan Luft's influences is the filmmaker Werner Herzog, a primary representative of the New German cinema of the 1960s and 1970s. Herzog is a director whose insistence on authenticity, and physicality, resonates with Luft's own photographic practice. Like Herzog, Luft shares a deep sympathy with the frequently overlooked: the outcasts of society. If Herzog's protagonist Bruno Stroszek (played by Bruno S. in the 1977 film *Stroszek*) had sought to escape the hardships of 1970s West Berlin by moving to Wisconsin, then Alan Luft started making the return journey from Wisconsin to Berlin in the 1980s, focusing precisely on the kinds of people frequently ignored in our mediated society. Another filmic influence on Luft is Herzog's contemporary, the filmmaker Wim Wenders, whose Berlin masterpiece *Wings of Desire* came out in 1987, two years after Luft made his first photographic expedition to Berlin. The angelic protagonists of Wenders' film are archivists whose job, analogous to the task of the film's primarily black-and-white camera, is to observe and record the stories going on all around them.

Three decades after he took his first portraits in Berlin, Luft is still making the trip from Wisconsin to Berlin, returning to old venues and discovering

Wim Wenders, hatte einen Einfluss auf das Werk Lufts mit seinem Meisterwerk *Der Himmel über Berlin,* der 1987 herauskam, zwei Jahre nach Lufts erster fotografischer Reise nach Berlin. Die himmlischen Protagonisten in Wenders' Film sind Archivare, deren Aufgabe es ist – genauso wie die überwiegend schwarzweiße Kinematografie des Films – zu beobachten und niederzuschreiben, was alles um sie herum stattfindet.

Drei Jahrzehnte nach den ersten fotografischen Porträts in Berlin macht Alan Luft immer noch fast jedes Jahr die Reise von Wisconsin nach Berlin. Er kehrt an bekannte Orte zurück und entdeckt auch neue. Berlin hat sich in diesen drei Jahrzehnten zwar sehr verändert, aber Luft bleibt seinem ursprünglichen Vorhaben unbeirrt treu. Durch seine Fotografien betont er die Vielfältigkeit aller menschlichen Geschichten, die notwendigerweise zum Leben und zur Geschichte einer Großstadt gehören. Berlin wird für Alan Luft zu einer urbanen Möglichkeit dessen, was das Leben sein könnte in einer Welt, in der verschiedene ethnische Gruppen, gesellschaftliche Schichten, Religionen, sexuelle Identitäten und Sprachen schließlich miteinander Frieden schließen und sich würdigend anerkennen – indem sie dem Blick des anderen begegnen. Für Luft ist die Fotografie sowohl Aufzeichnung als auch ein aktiver Beitrag zur steten Neuverhandlung und Neuerschaffung einer Welt, in der wir alle eine Geschichte haben, die viel zu kurz ist.

new ones. Berlin has changed a great deal over these three decades, but Luft has remained remarkably faithful to his original purpose. Through his photographs, he suggests the multiplicity of human stories that are part of a great city's life and history. Berlin becomes, for Alan Luft, an urban possibility of what life could be like in a world where different ethnic and racial groups, social classes, religions, sexual identities, and languages, finally reconcile with and come to respect each other—to meet each other's gaze. For Luft, photography is both a permanent record and an active agent in helping to negotiate, and recreate, a world in which we all have stories that are far too brief.

Portraits
Porträts

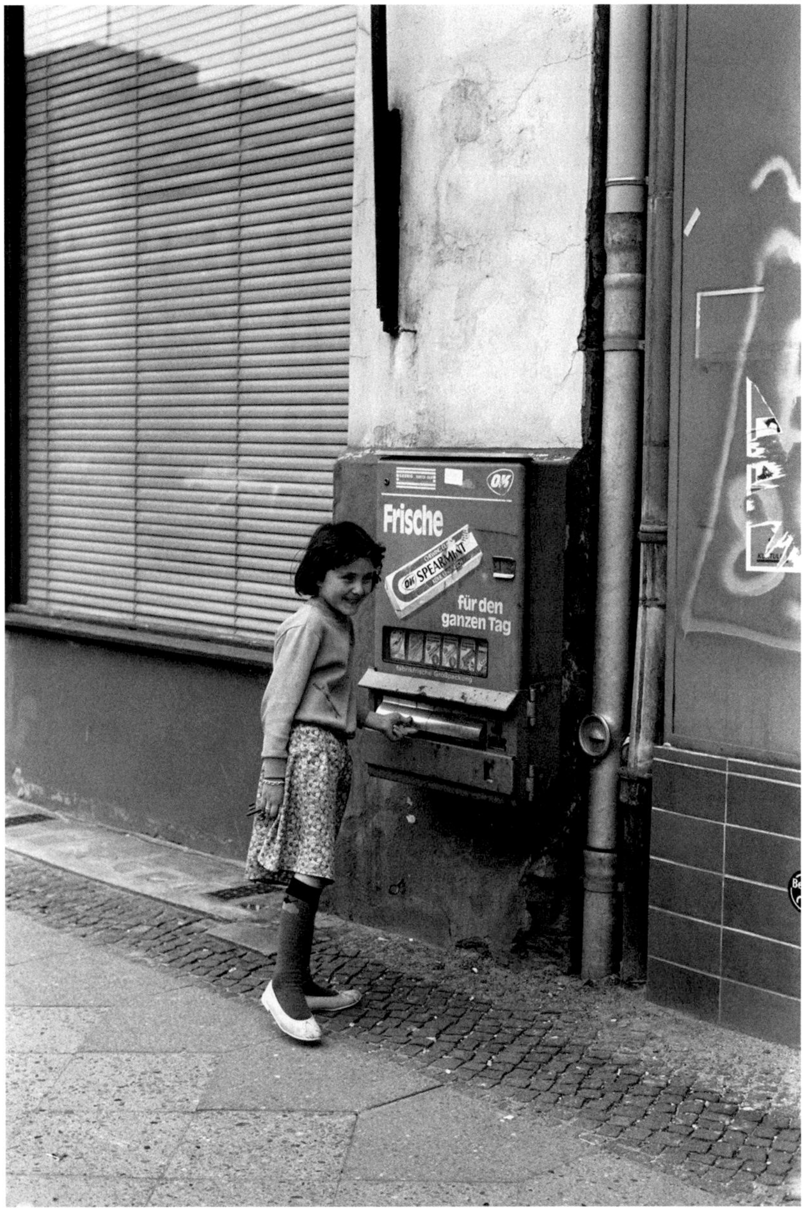

Mitte, 1985

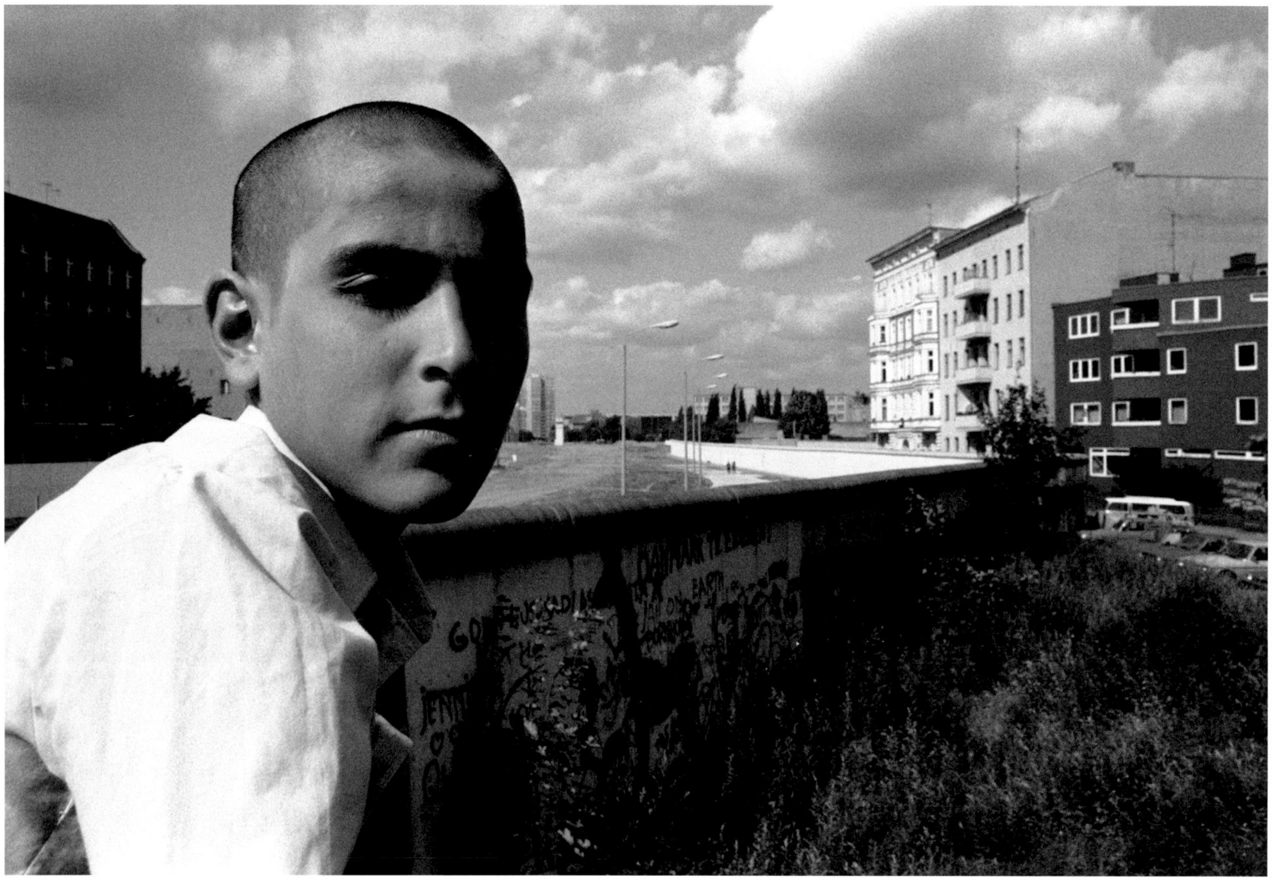

Kreuzberg, 1987

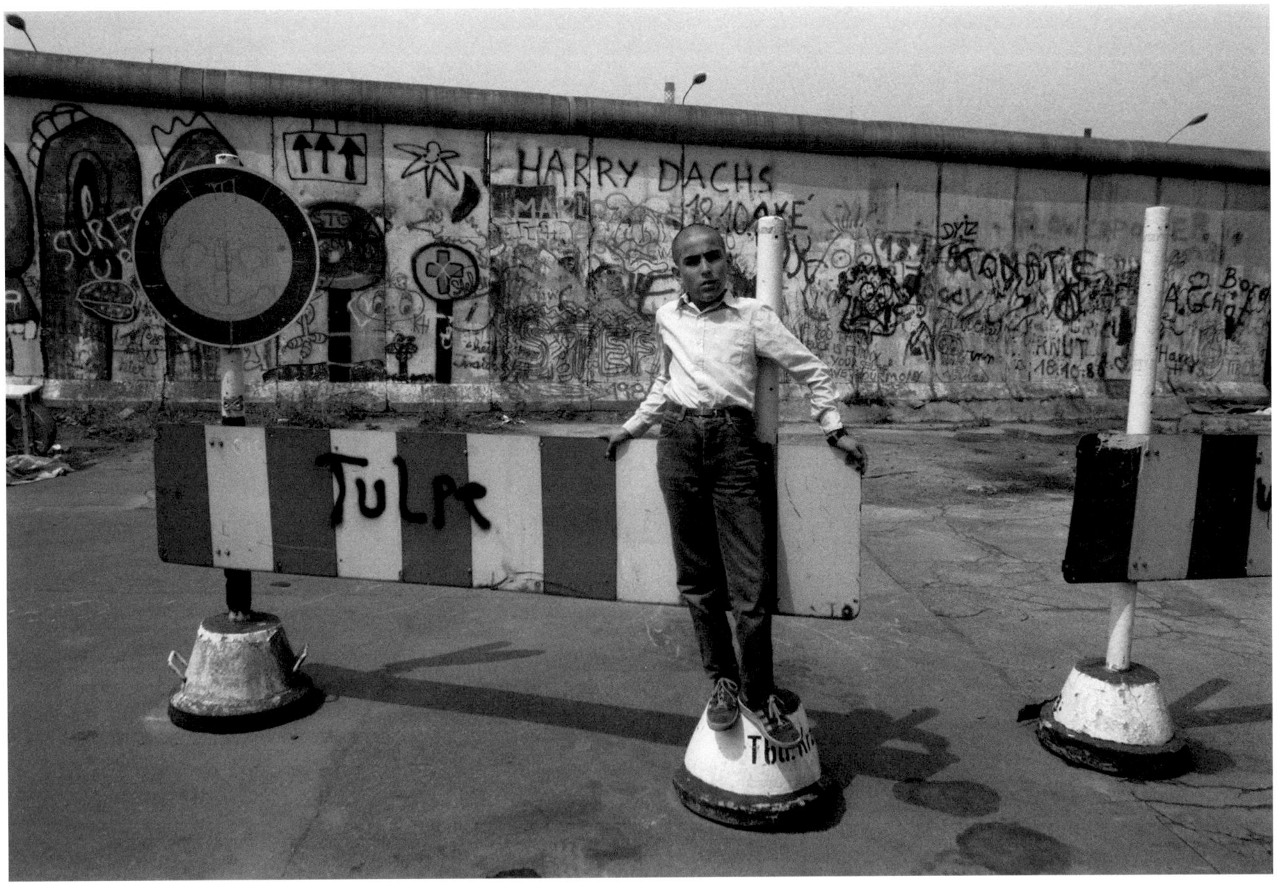

Kreuzberg, 1987

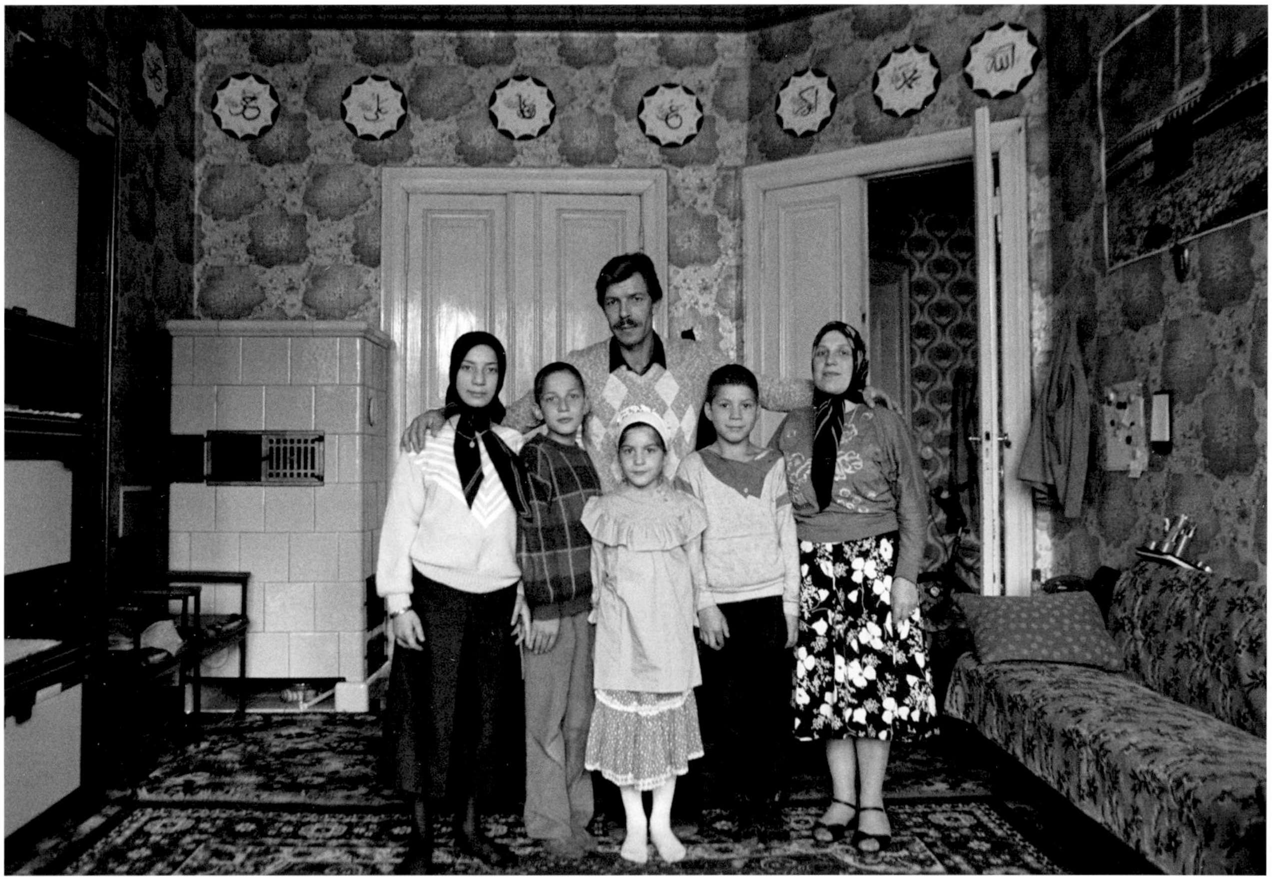

Kreuzberg, 1987

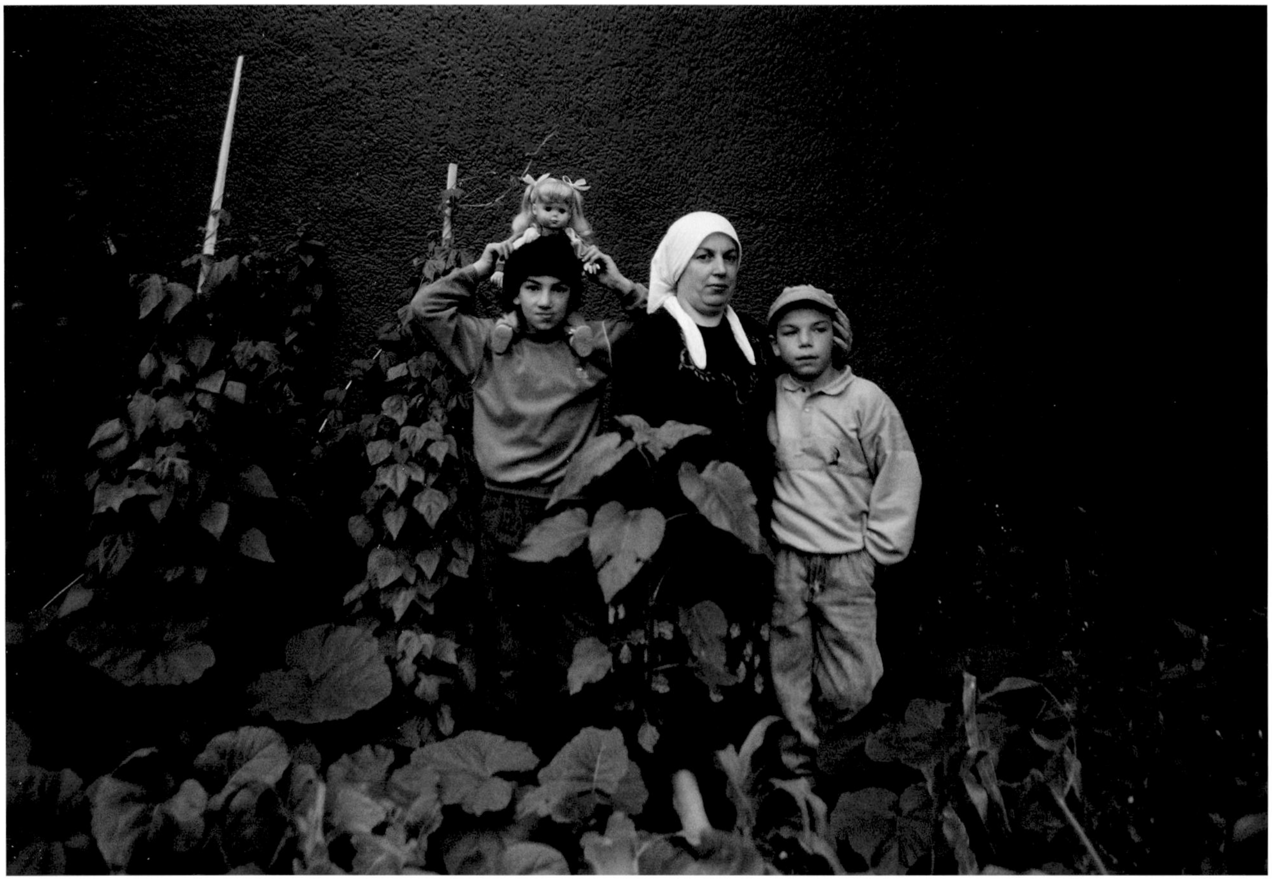

Kreuzberg, 1987

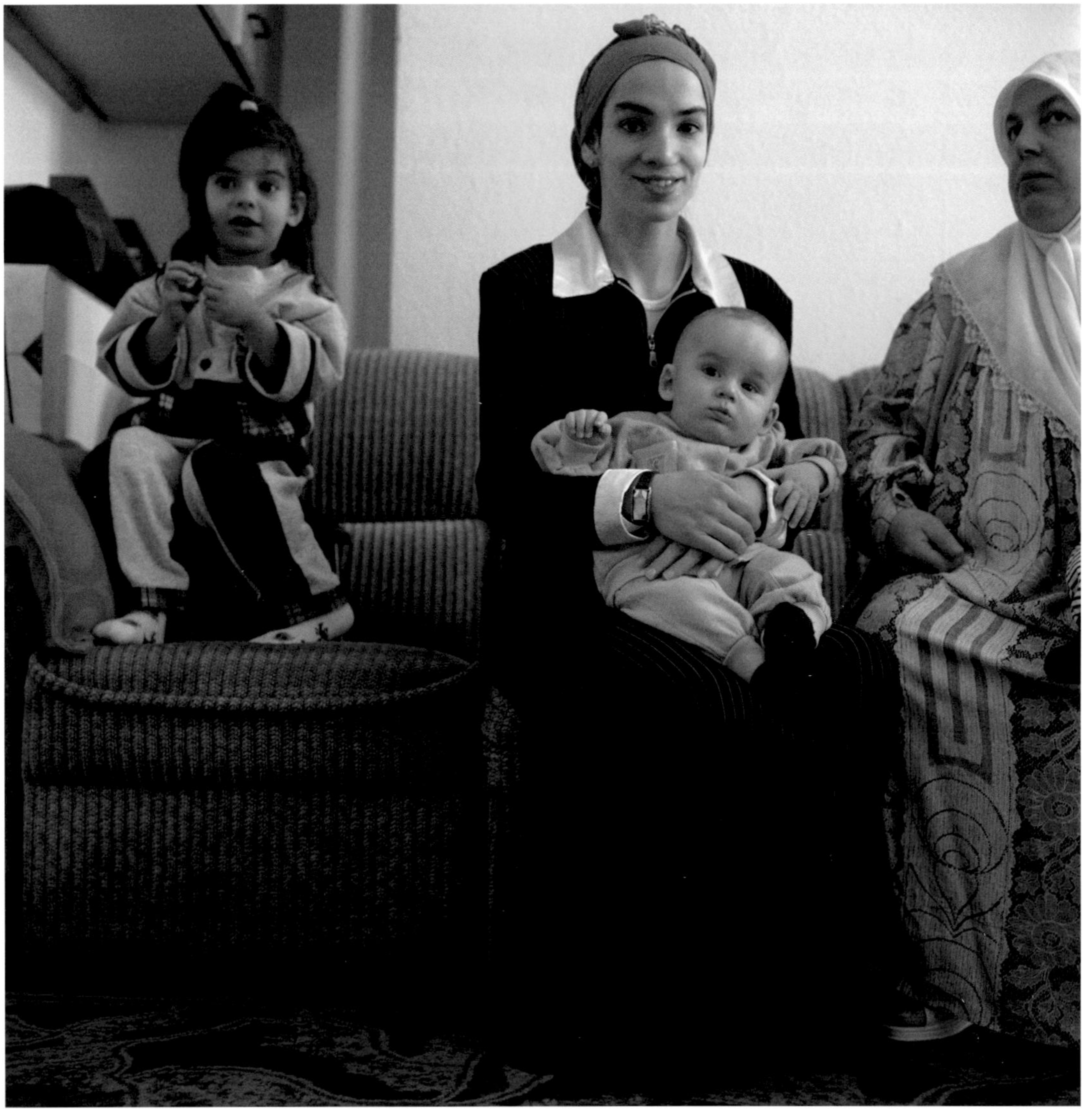

Kreuzberg, 1999

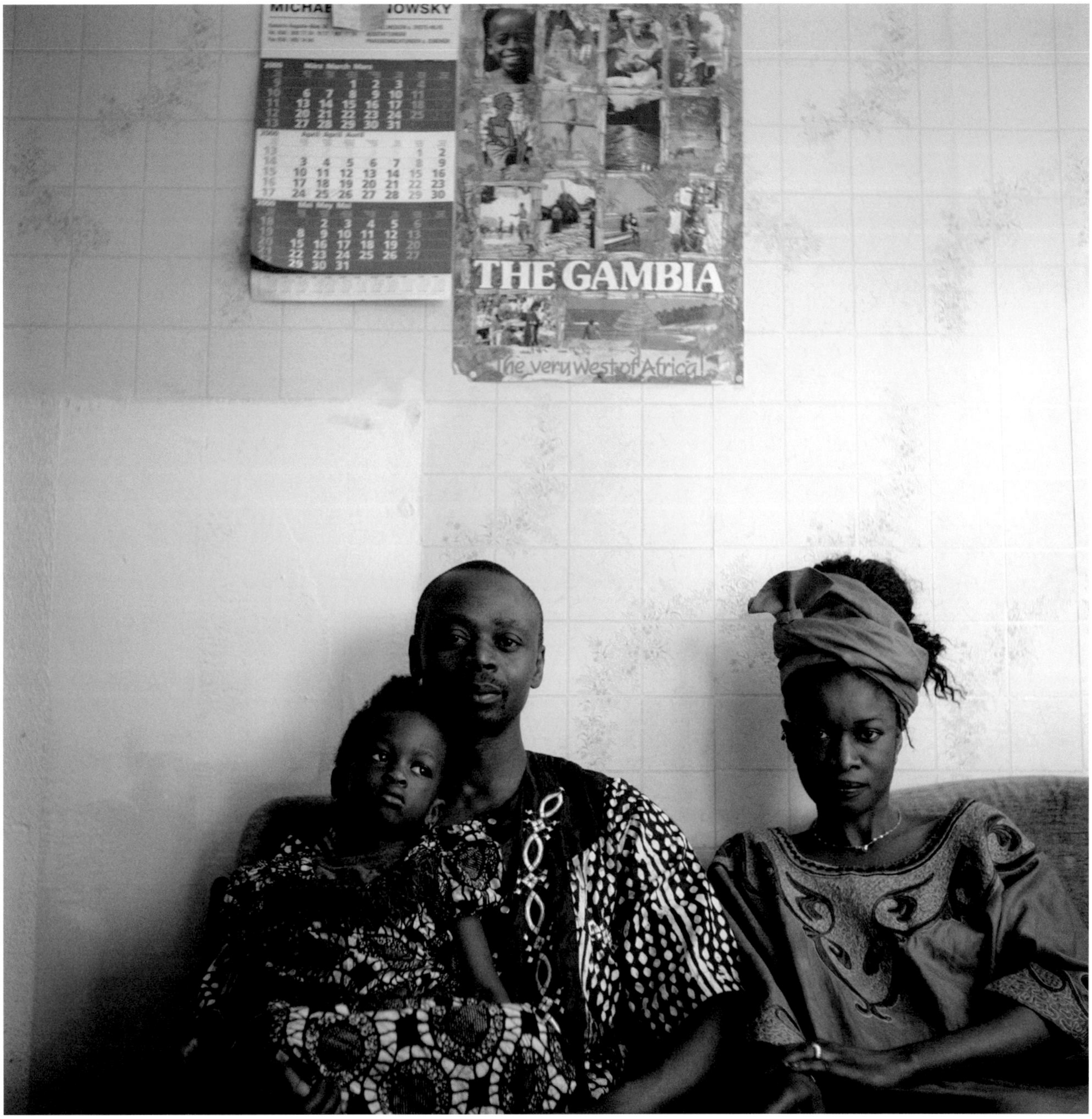

Prenzlauer Berg, 2000

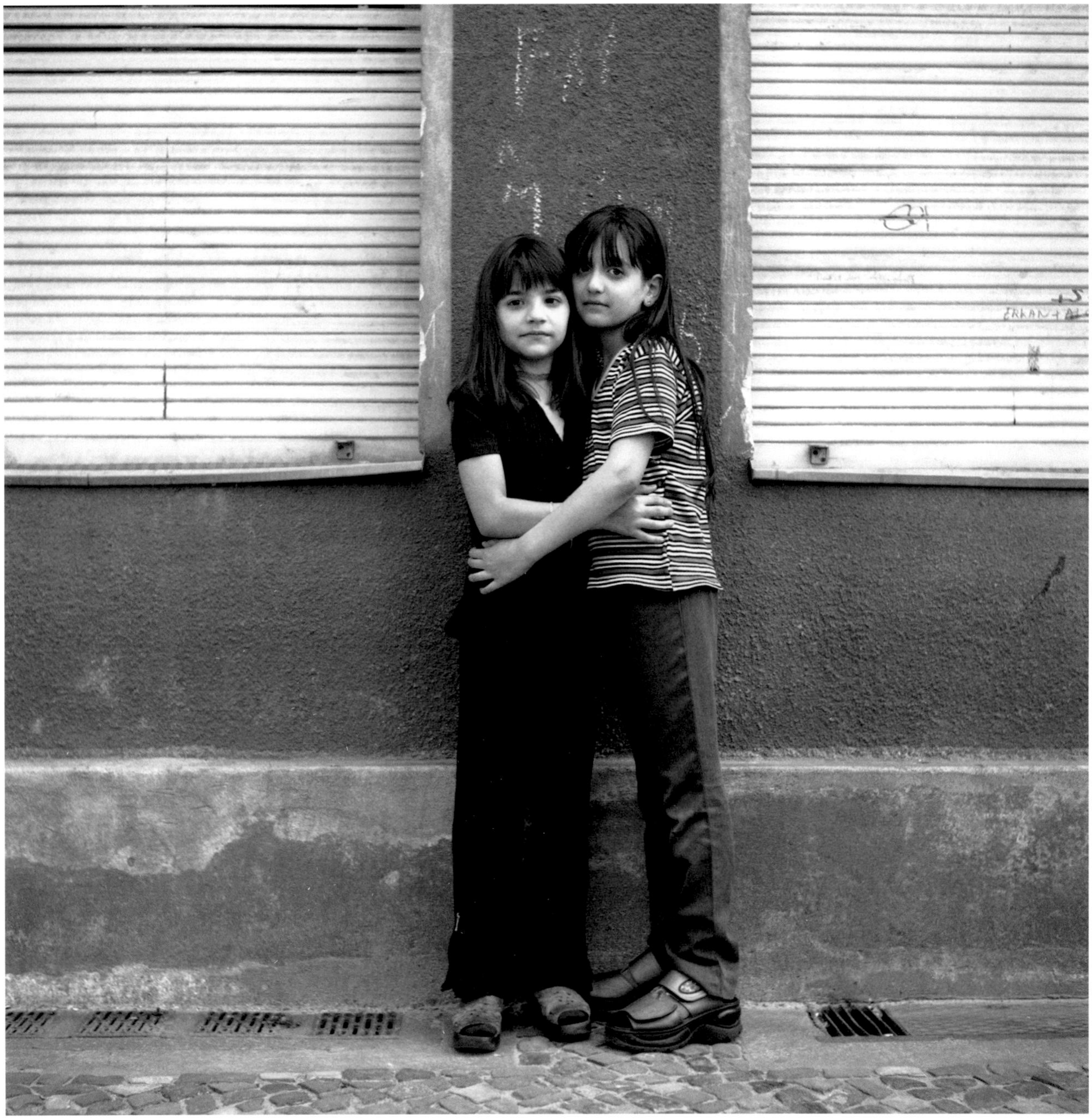

Wedding, 2000

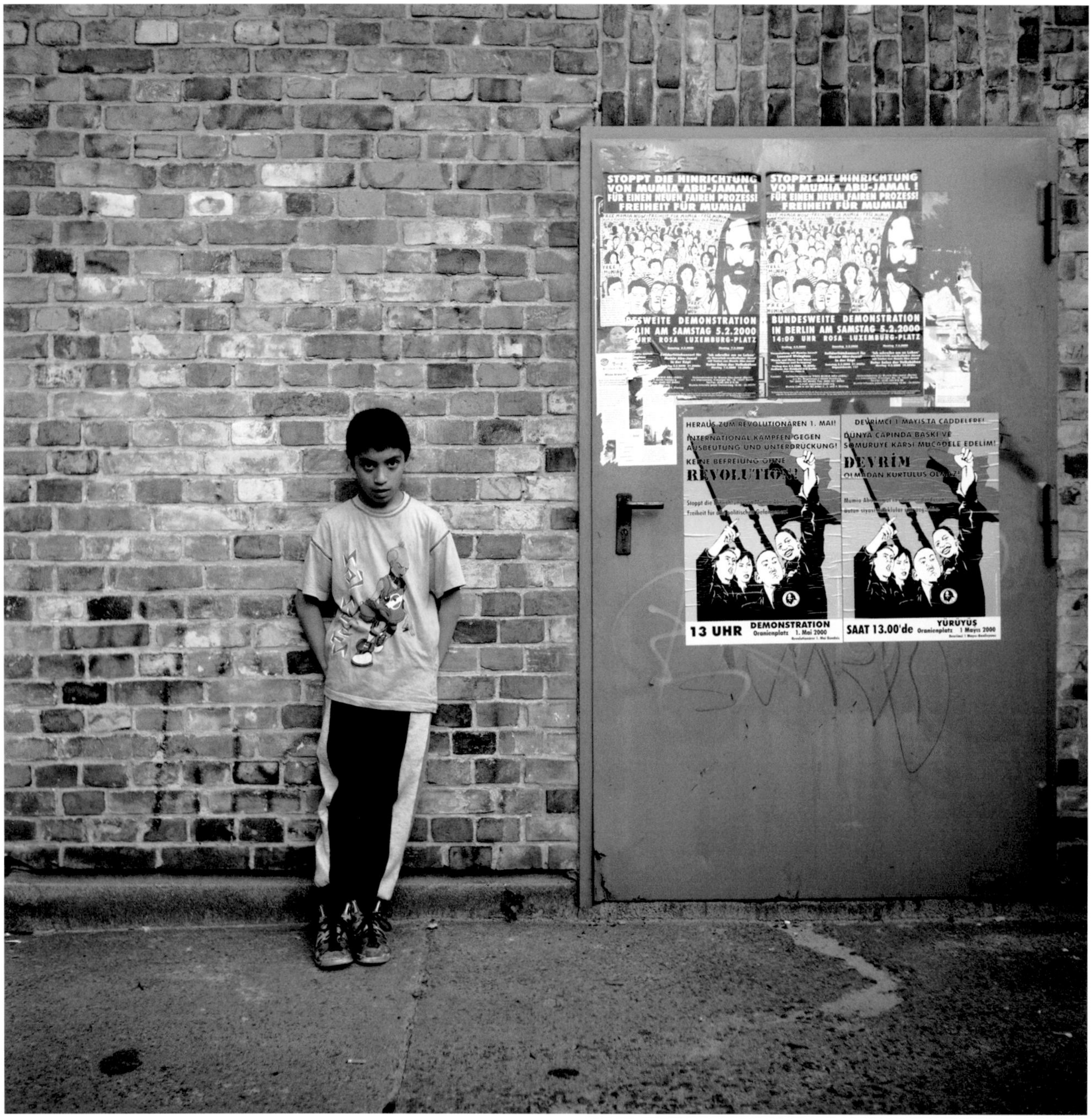

Kreuzberg, 2000

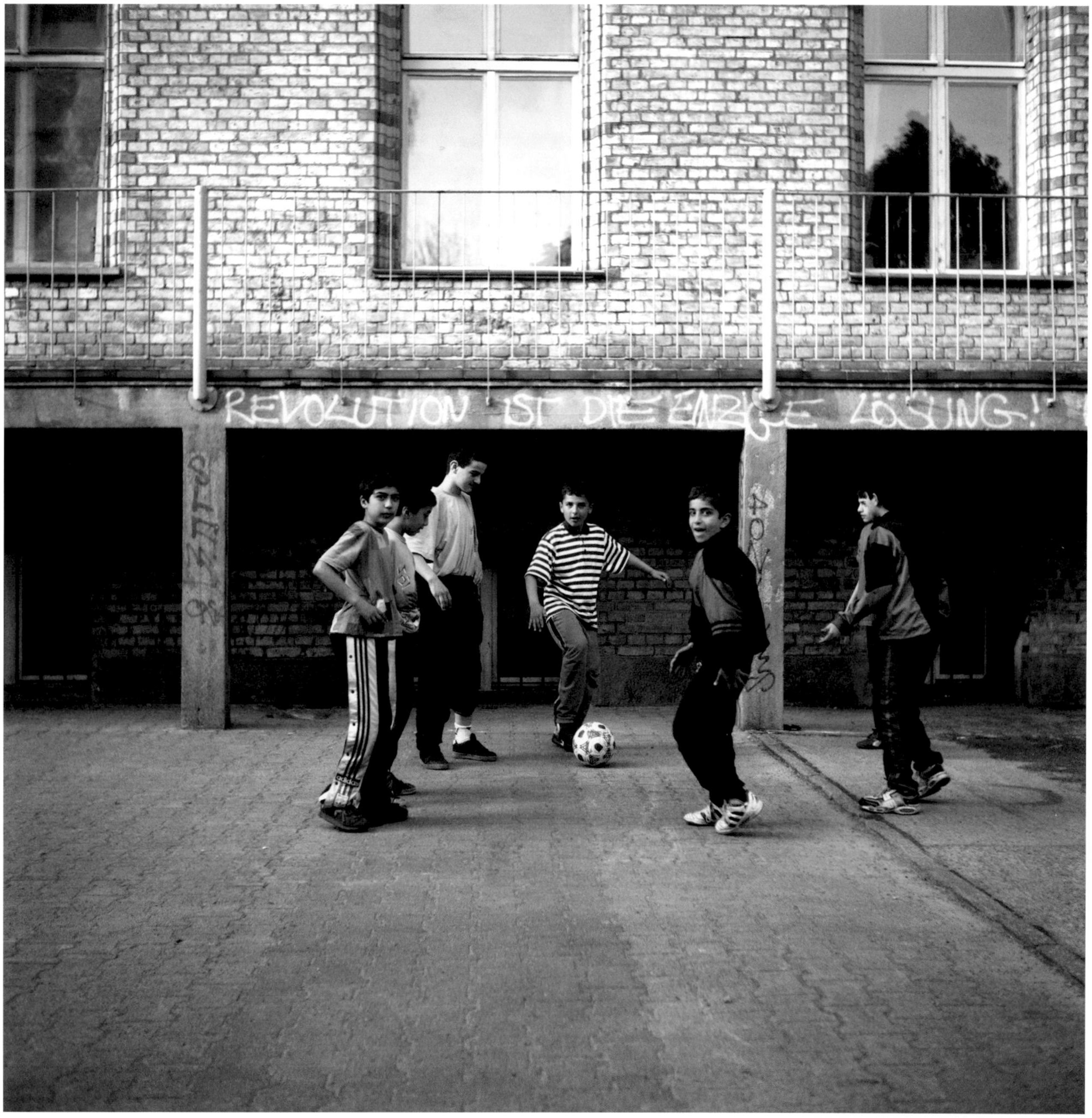

Kreuzberg, 2000

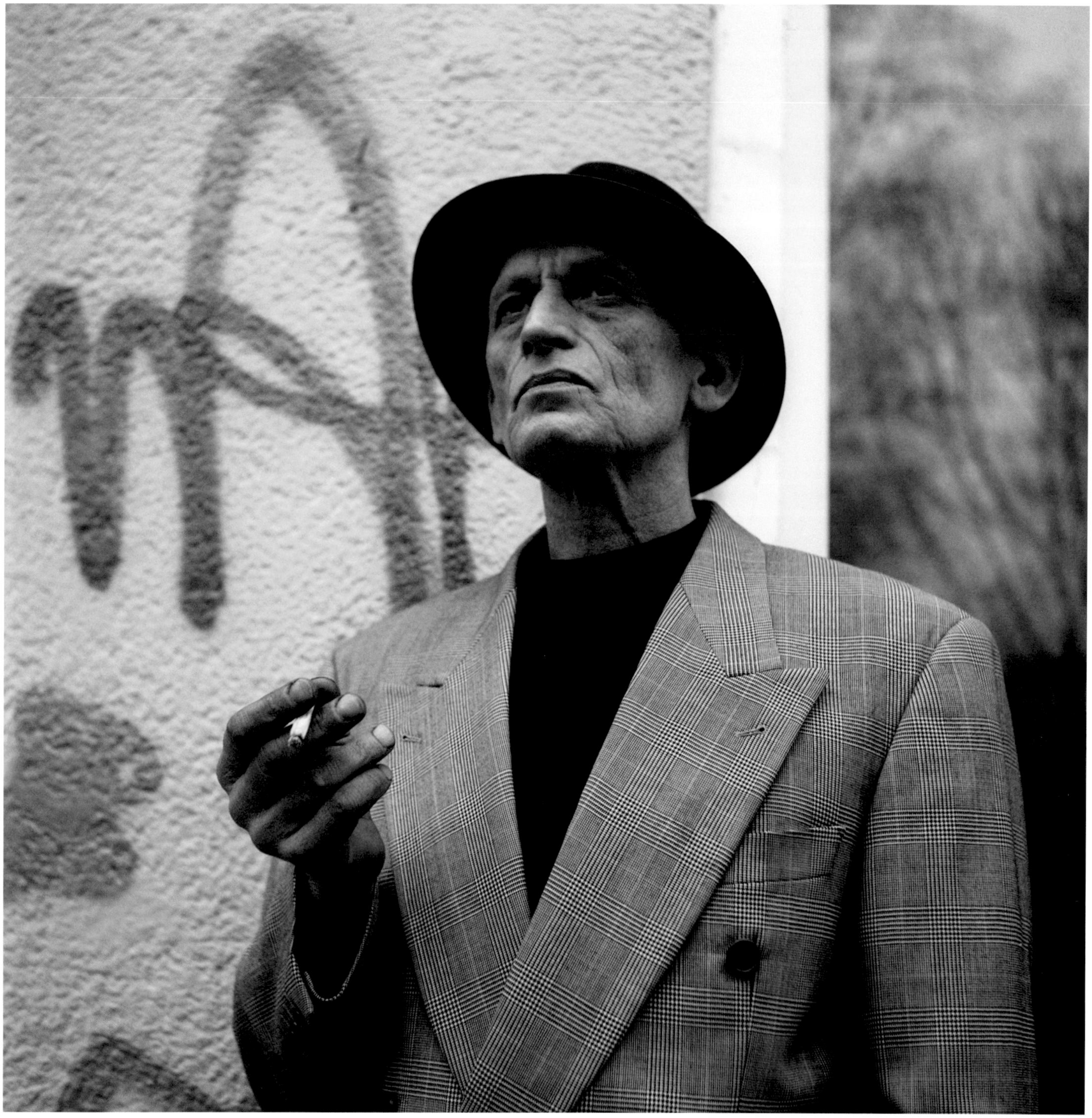

Kreuzberg, 2001

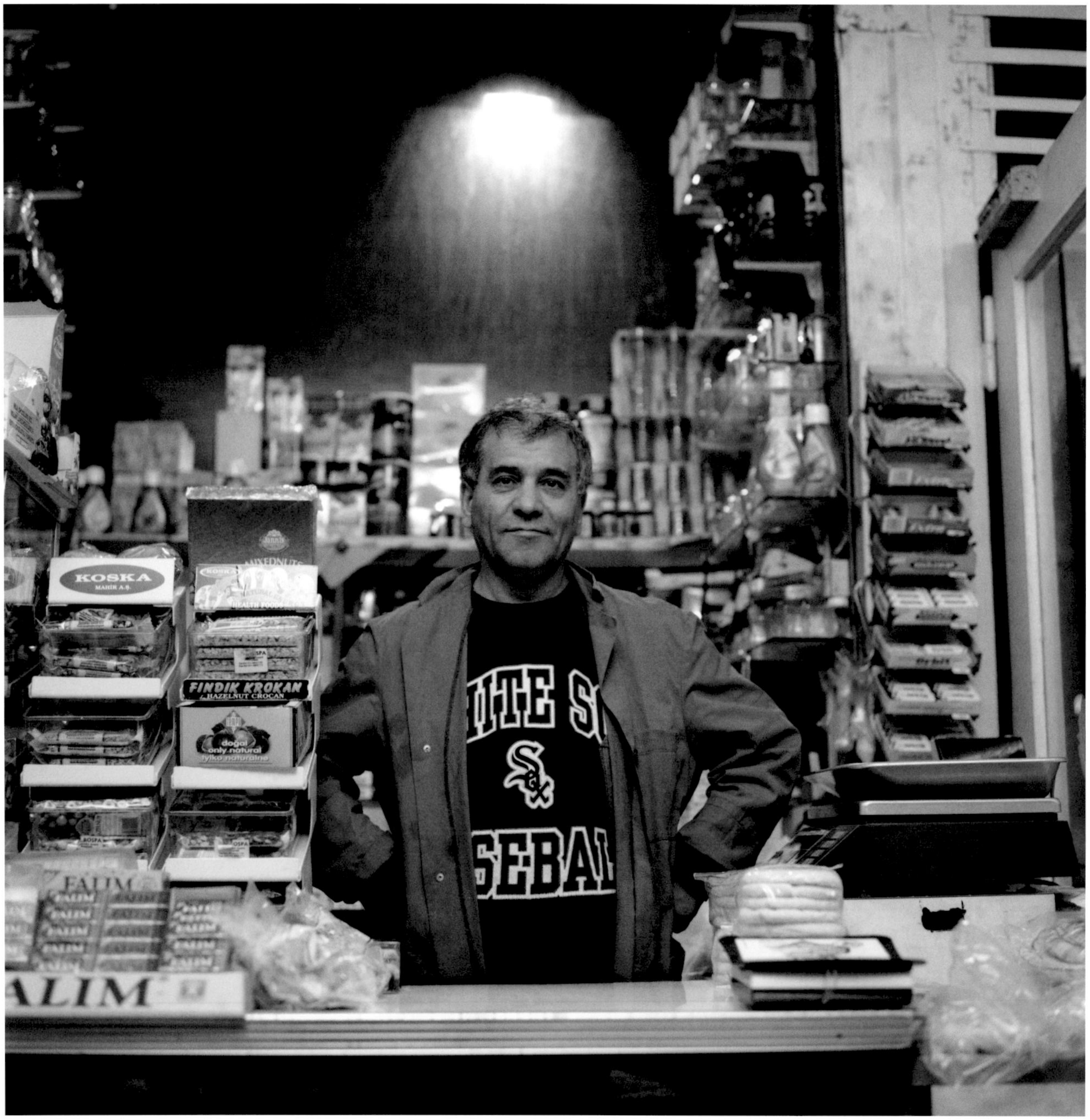

Kreuzberg, 2002

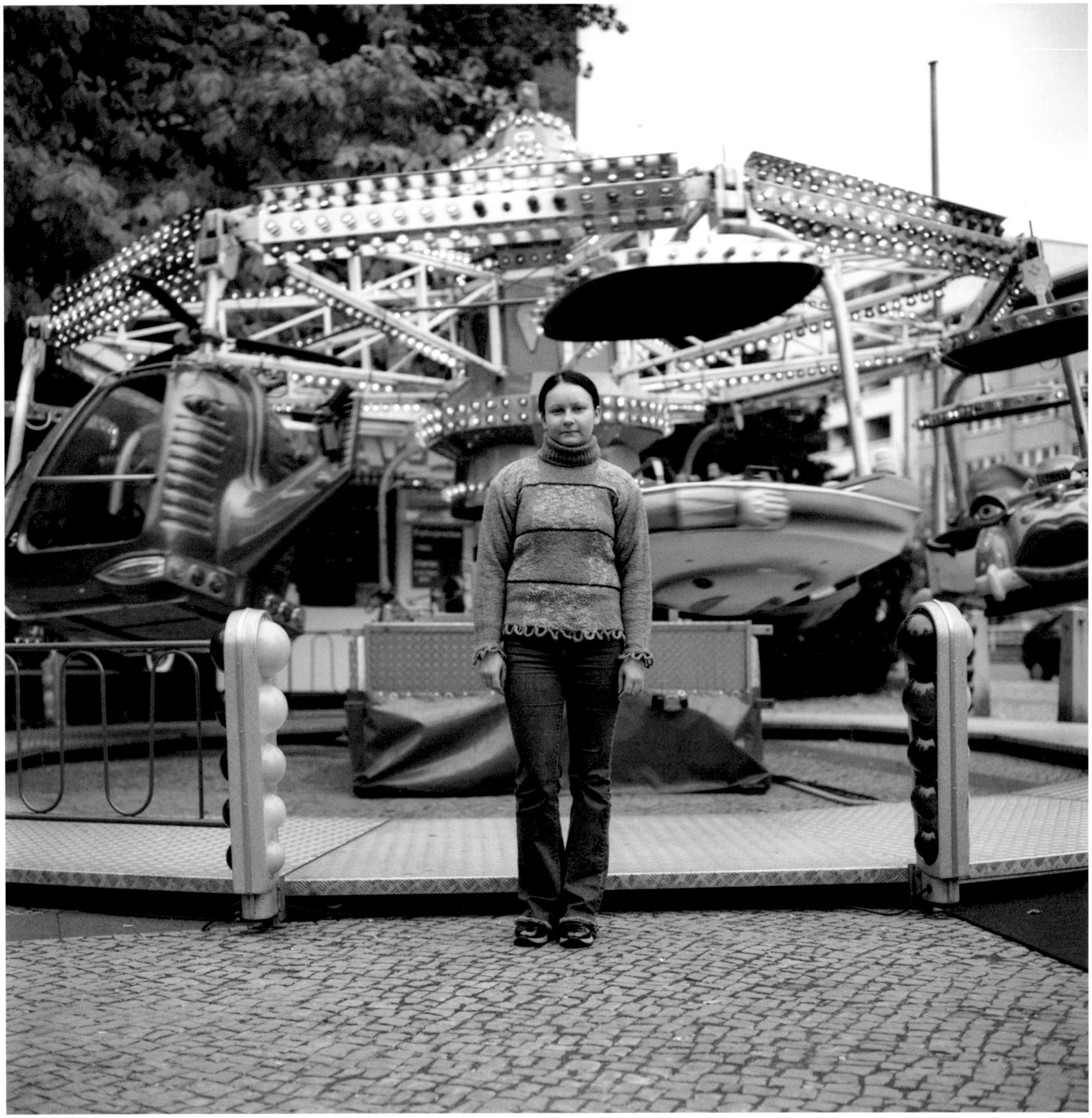

Wedding, 2002

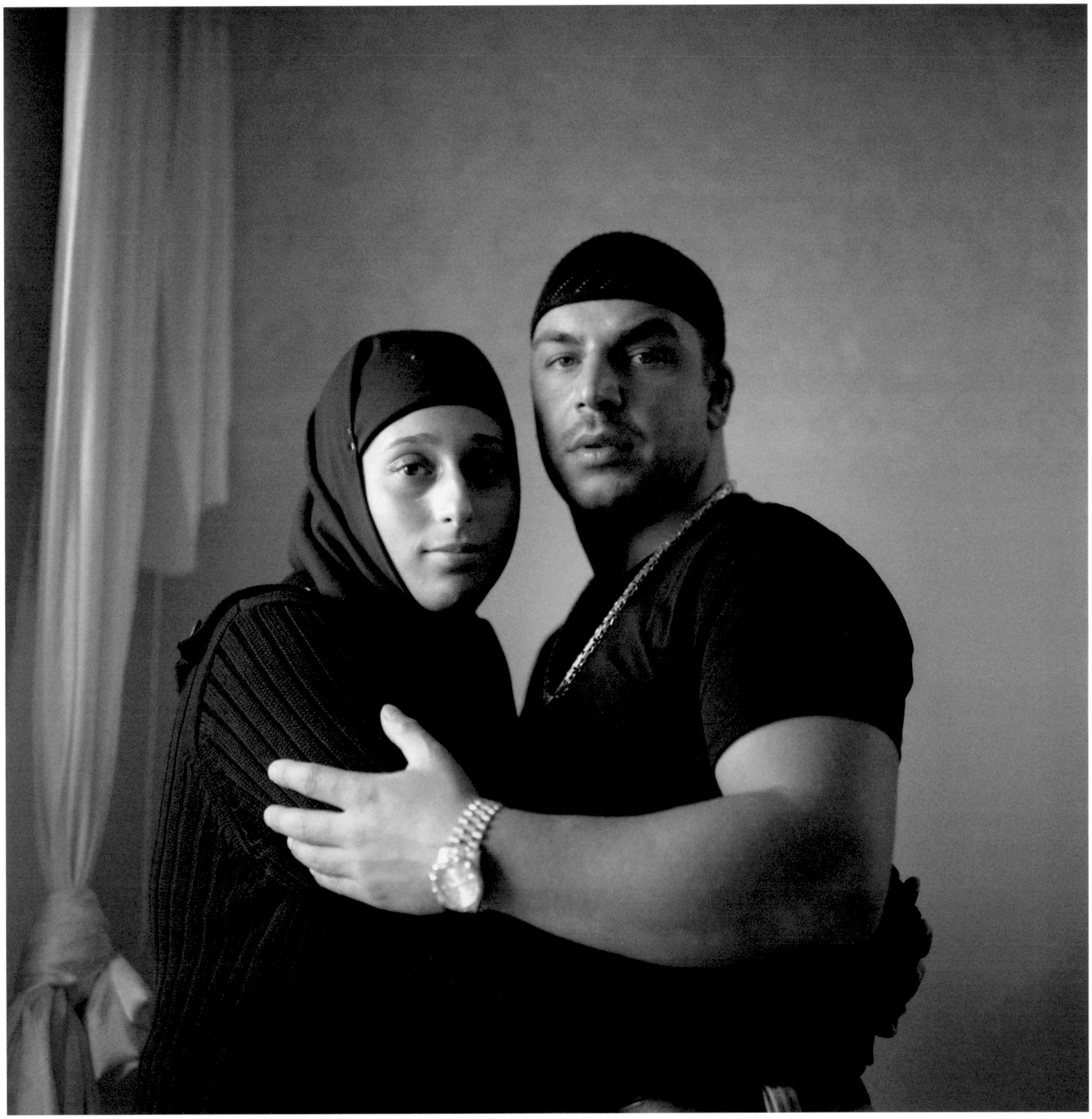

Kreuzberg, 2002

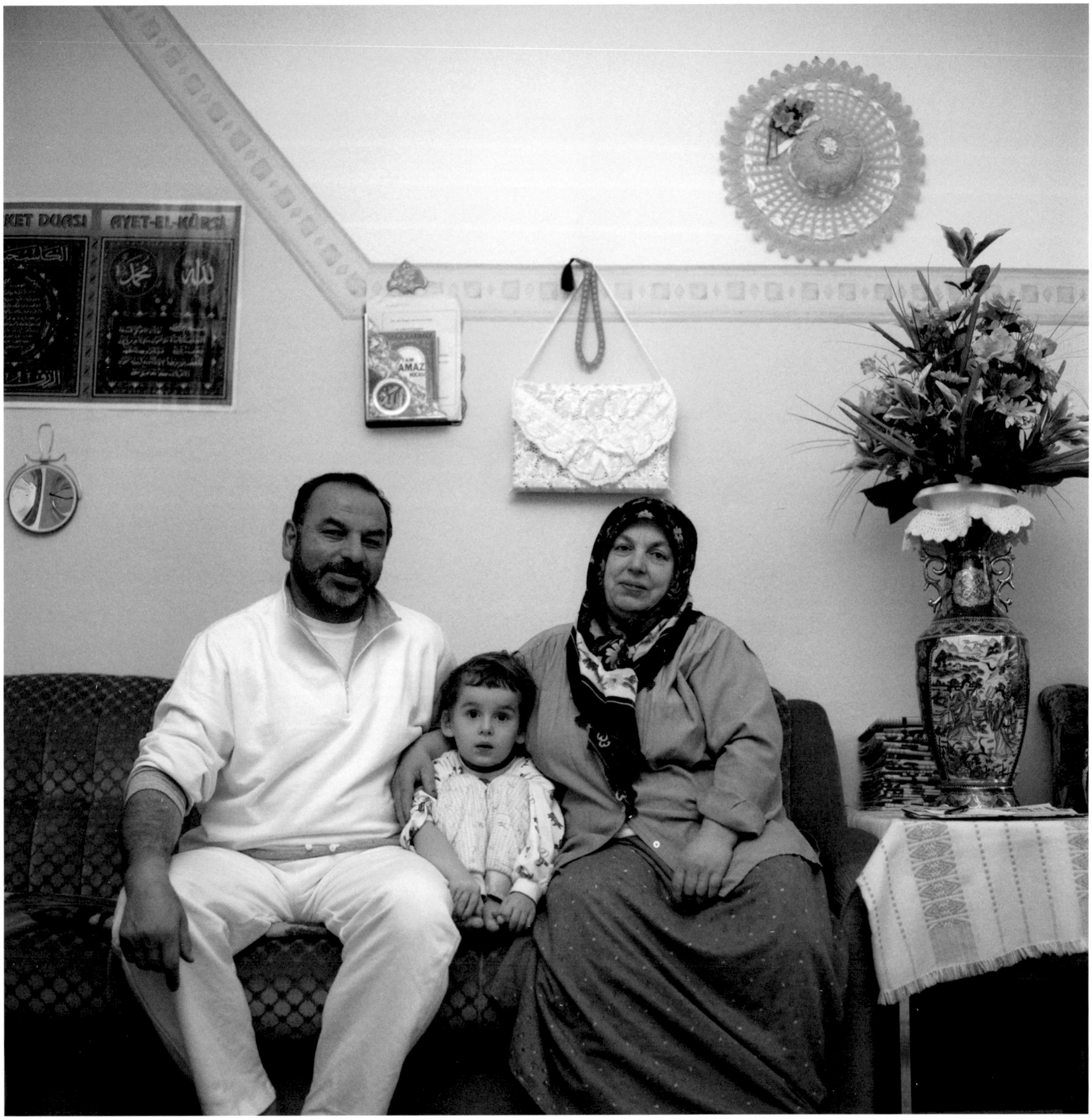

Kreuzberg, 2002

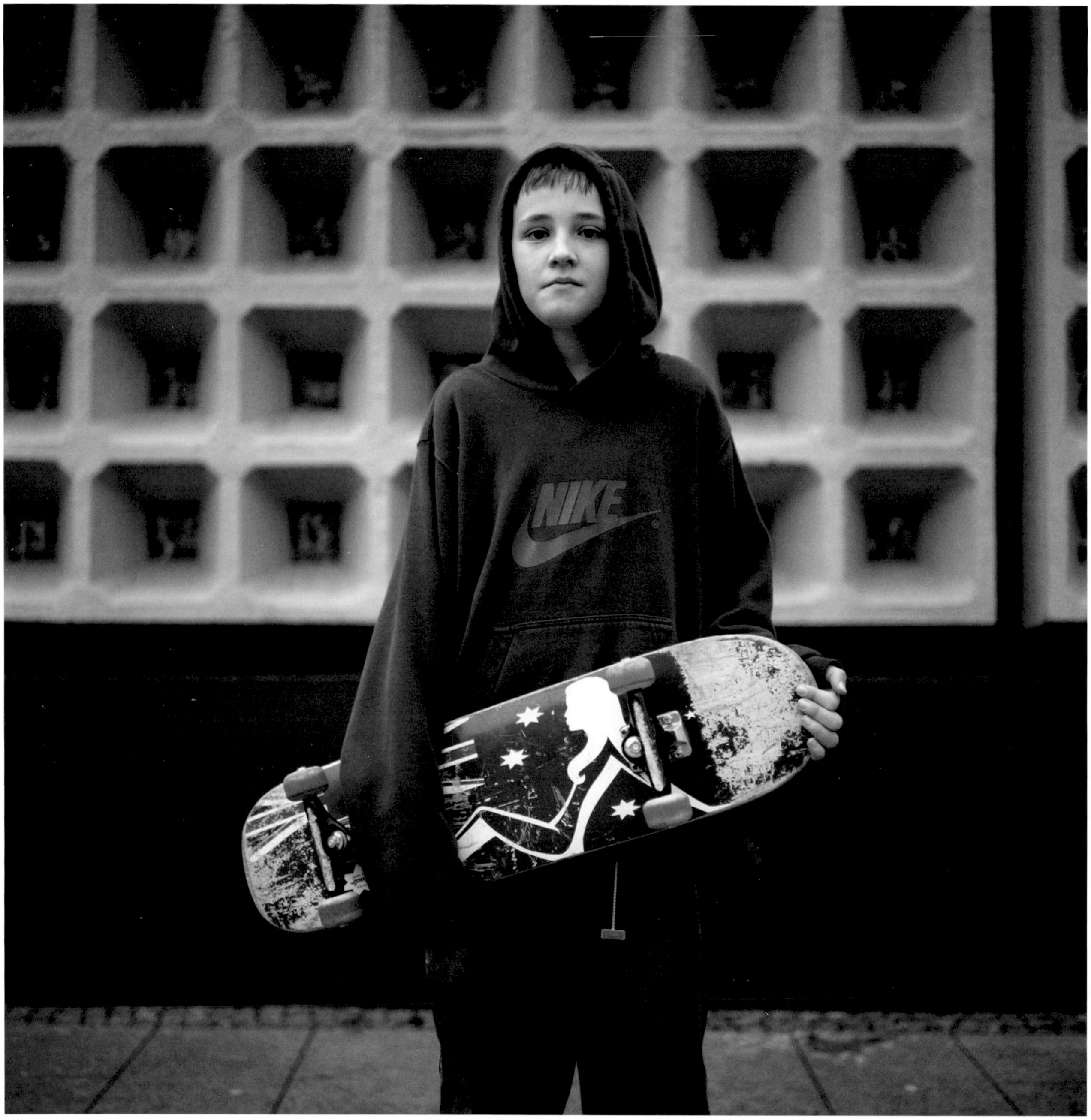

Charlottenburg, 2002

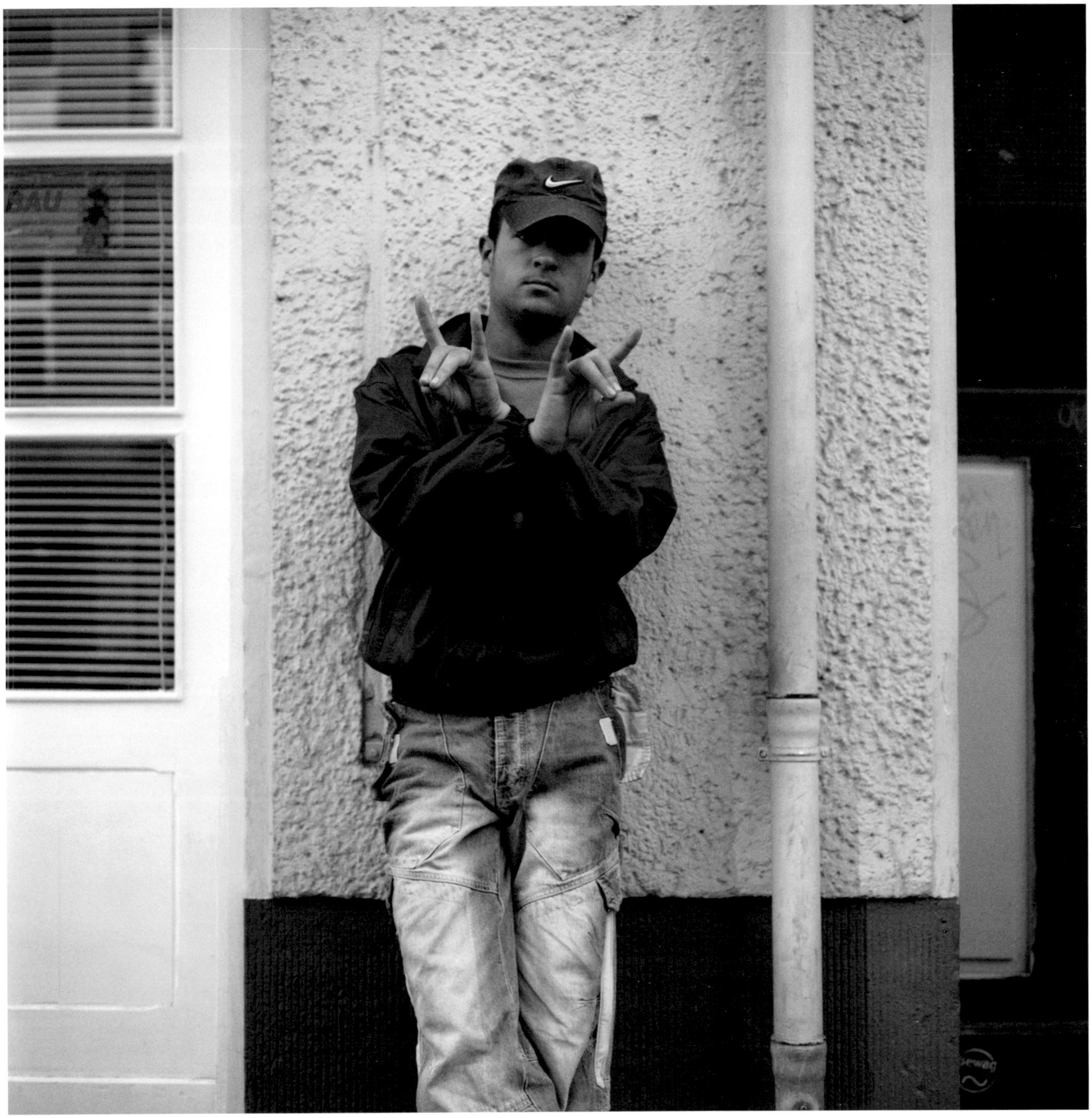

Wedding, 2004

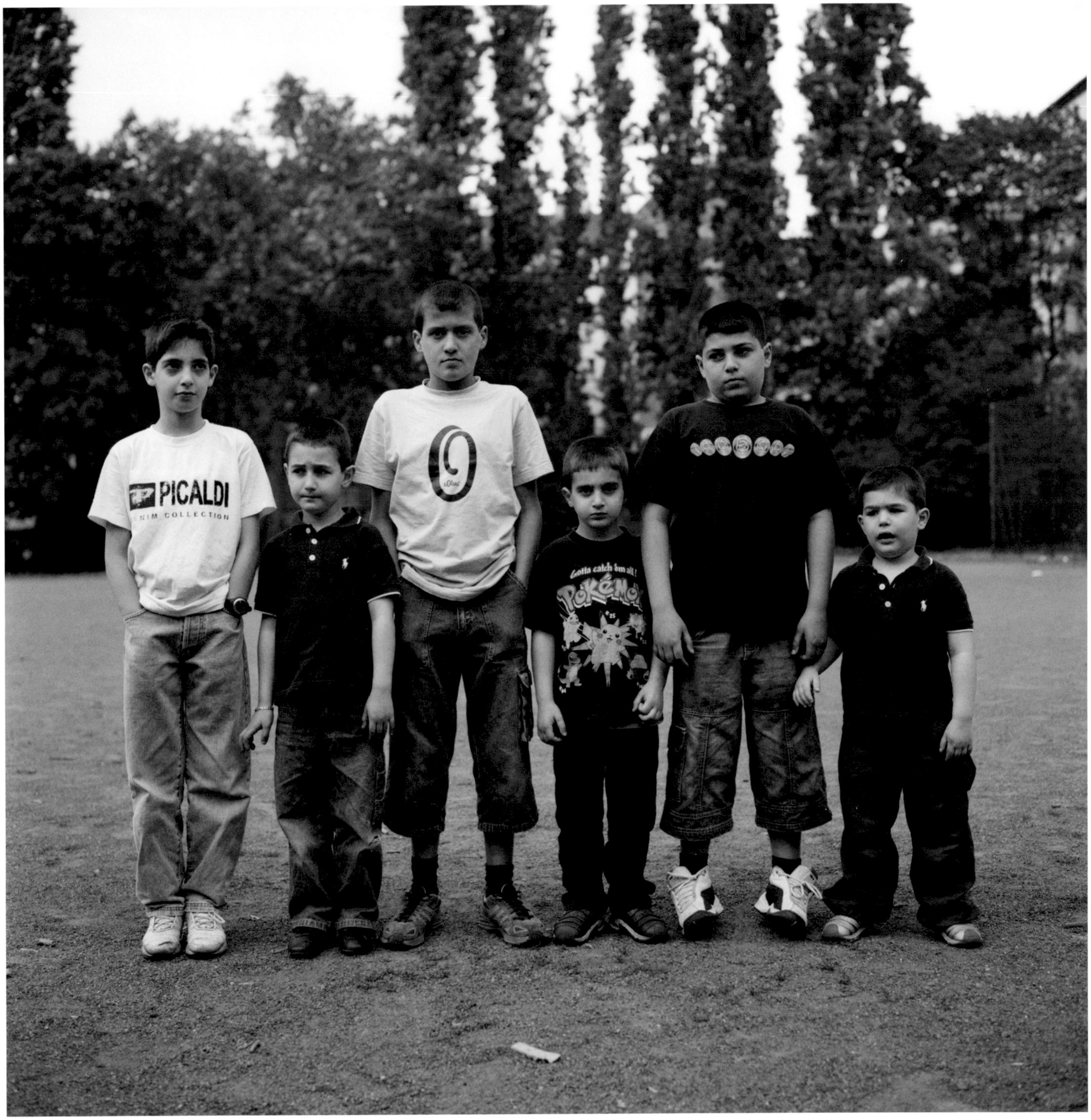

Wedding, 2004

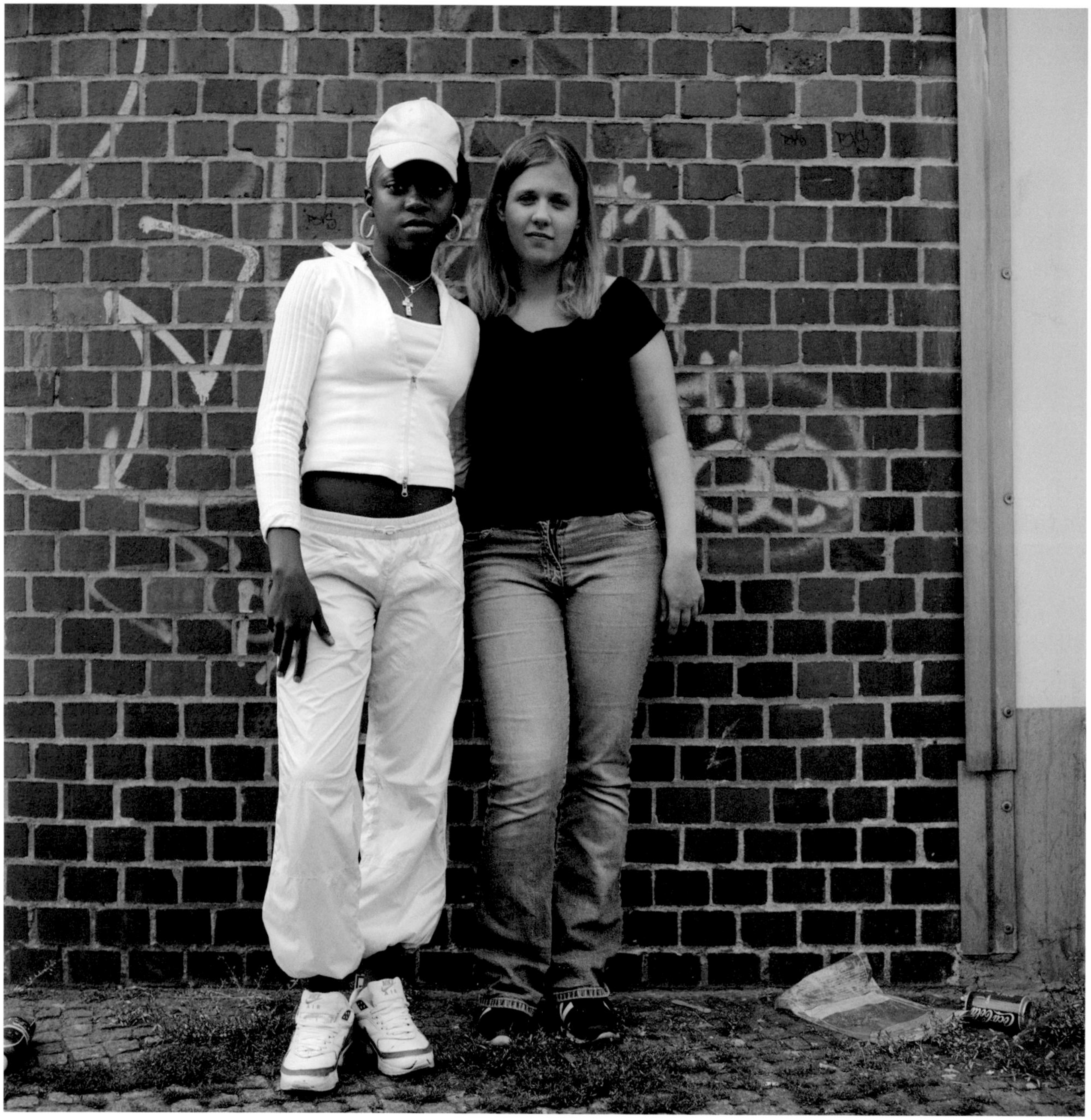

Wedding, 2004

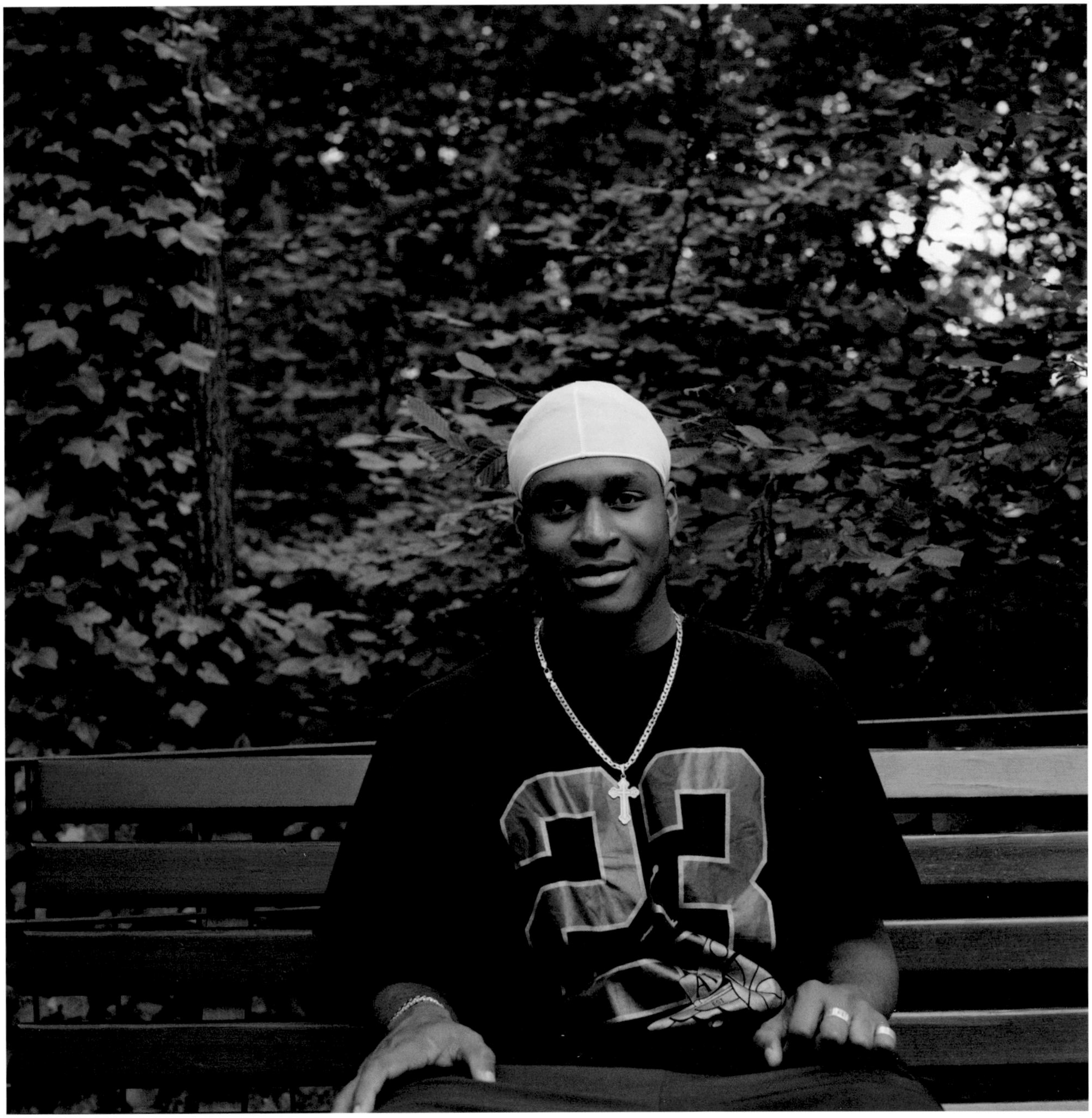

Charlottenburg, 2004

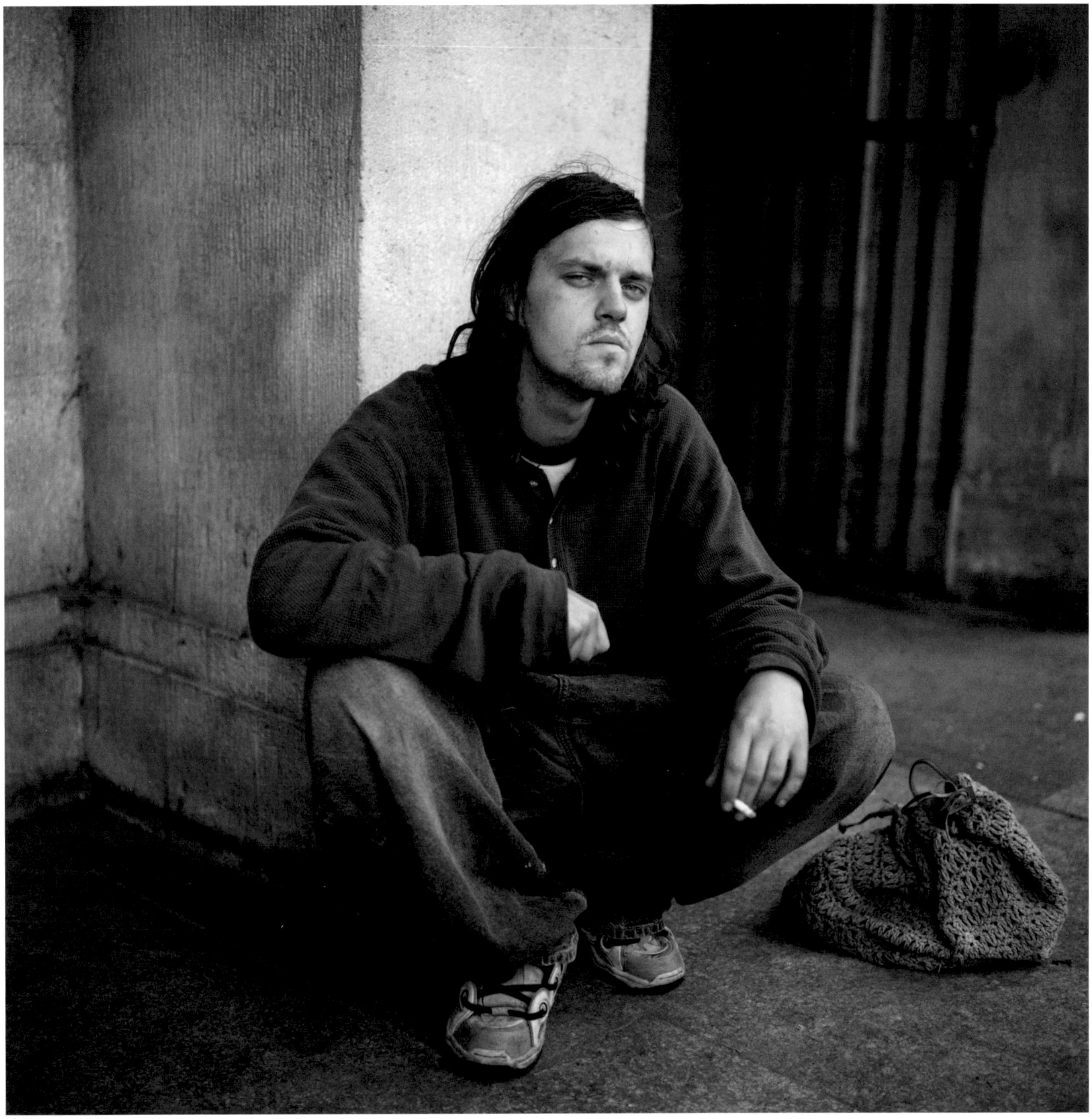

Tiergarten, 2004

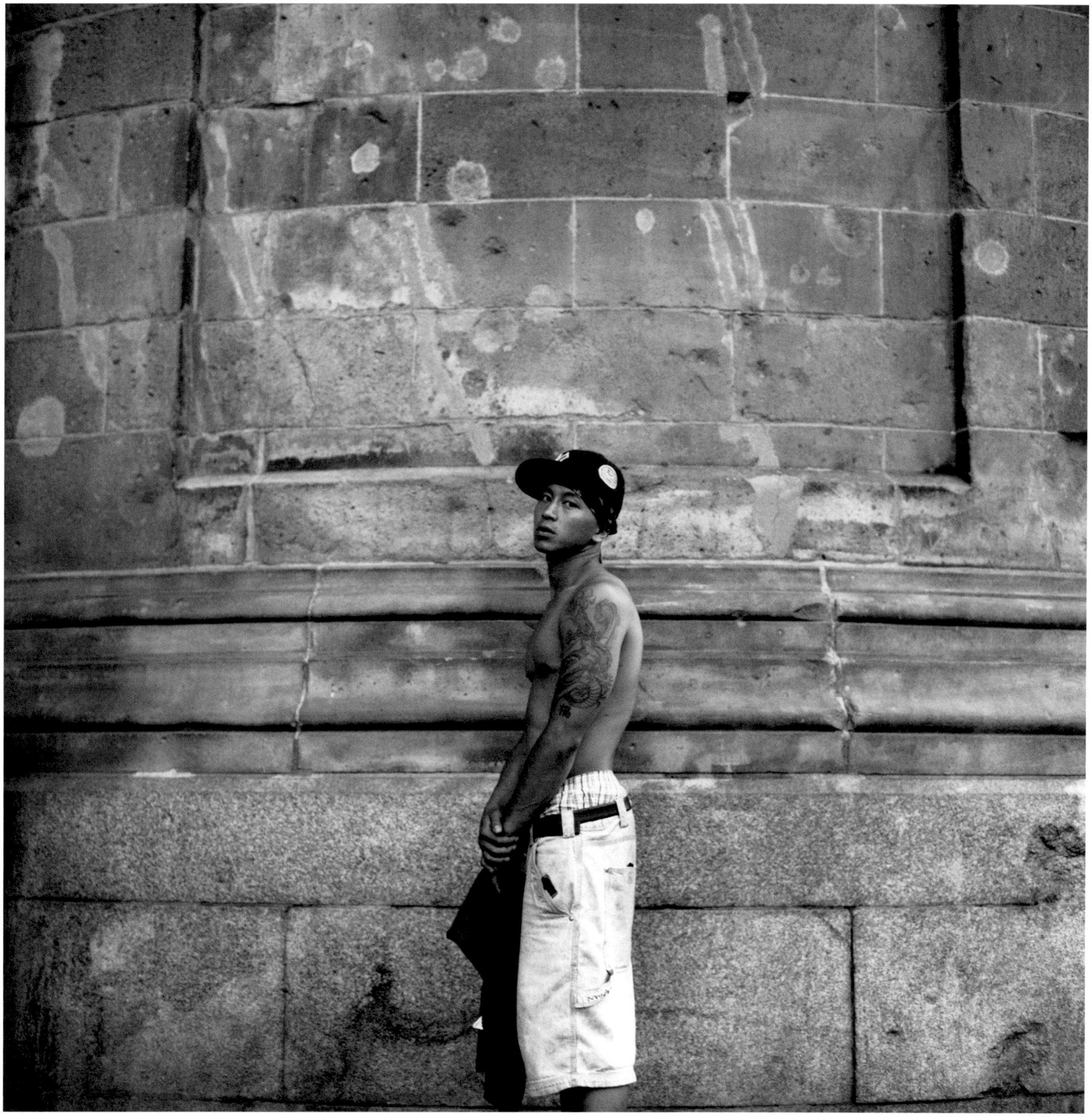

Charlottenburg, 2006

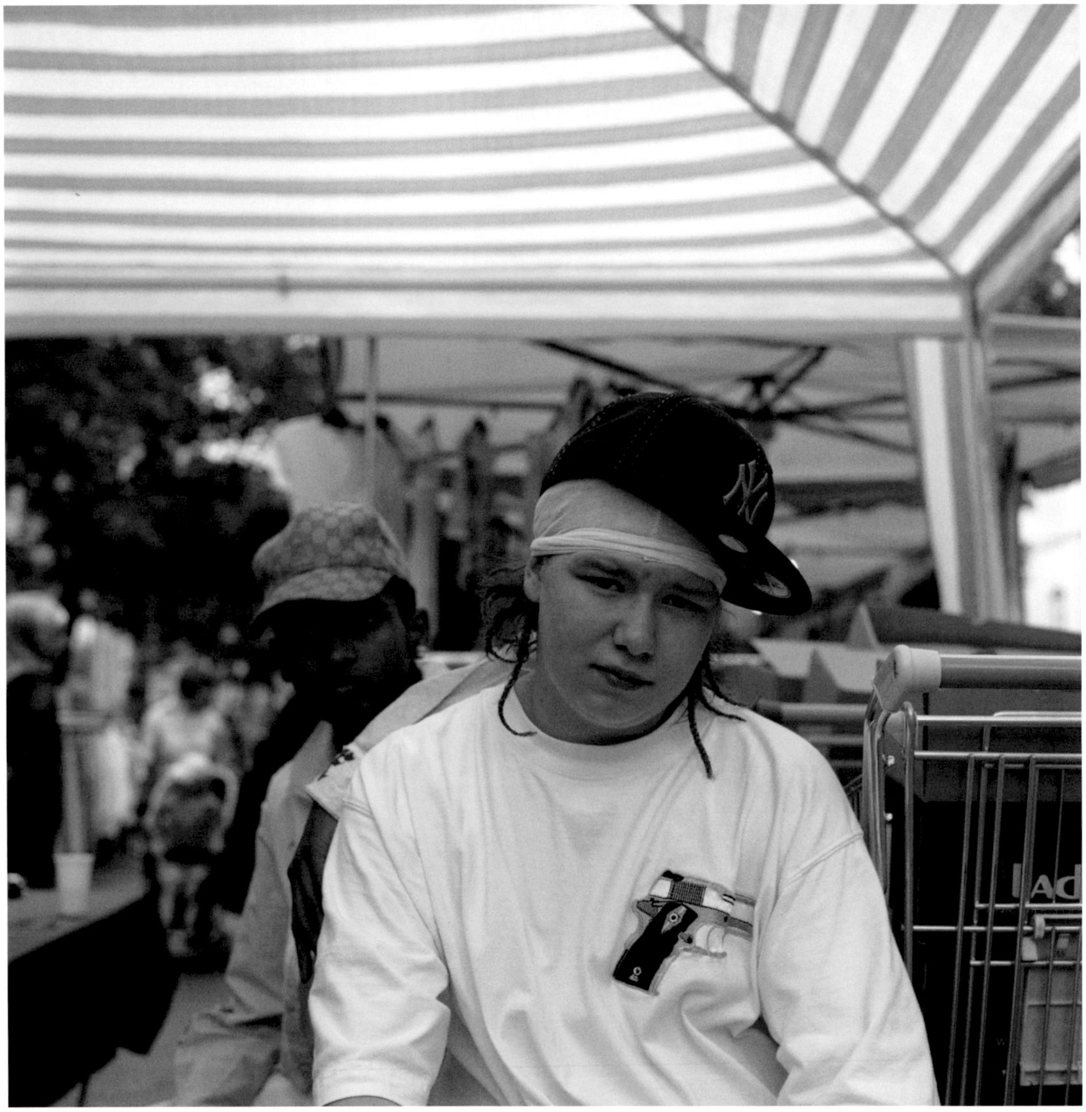

Wedding, 2006

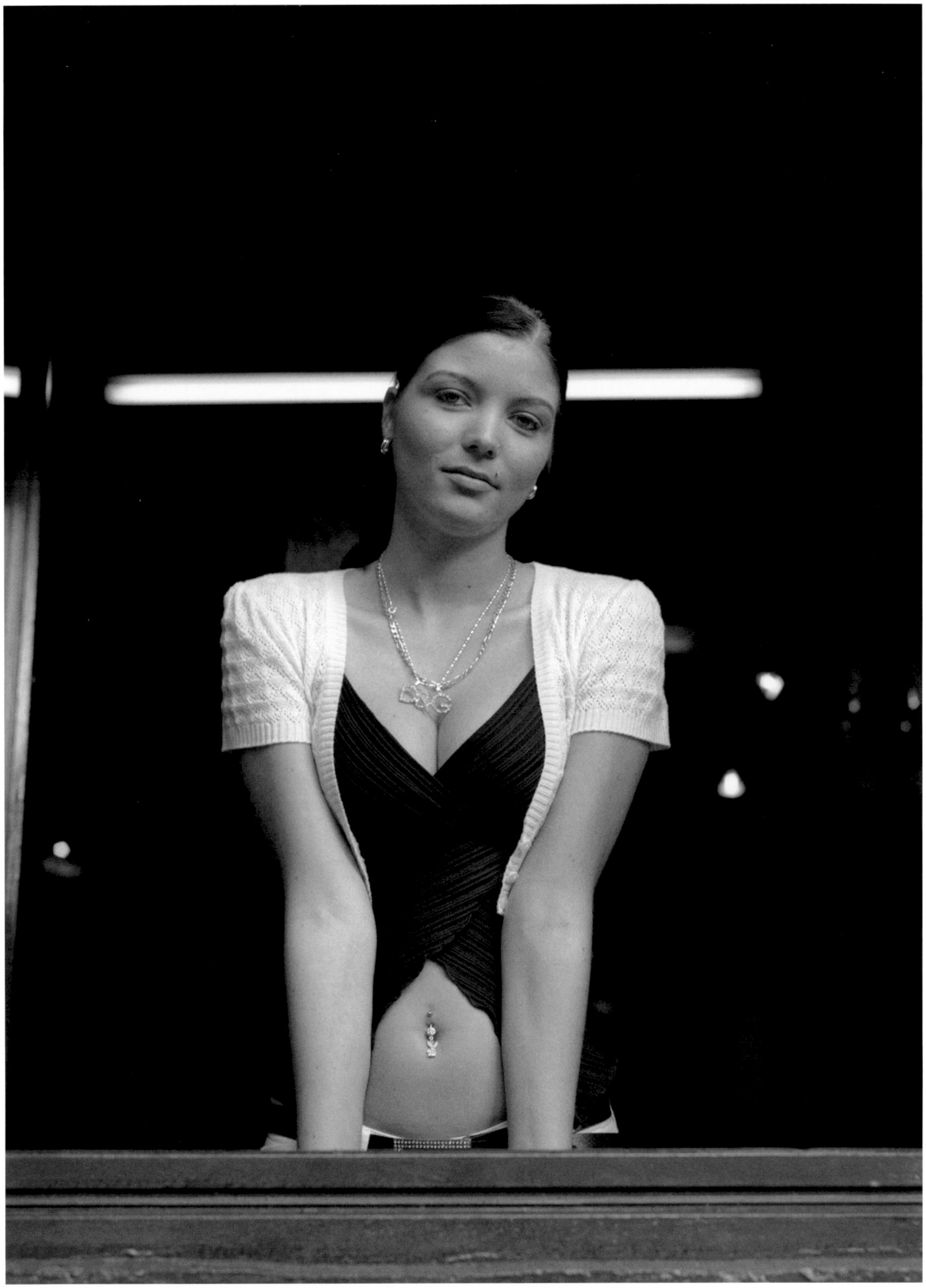

Wedding, 2006

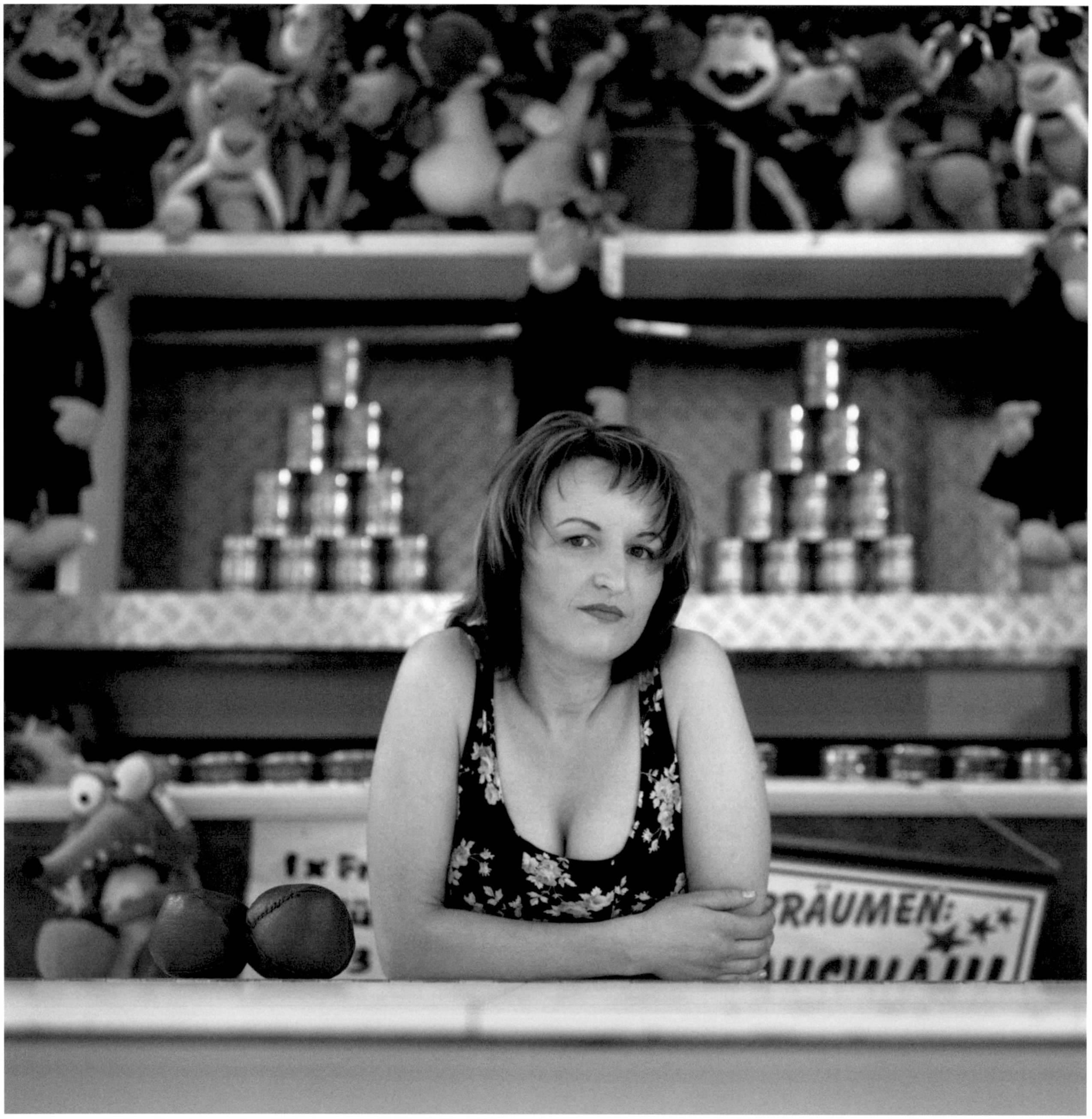

Pankow, 2006

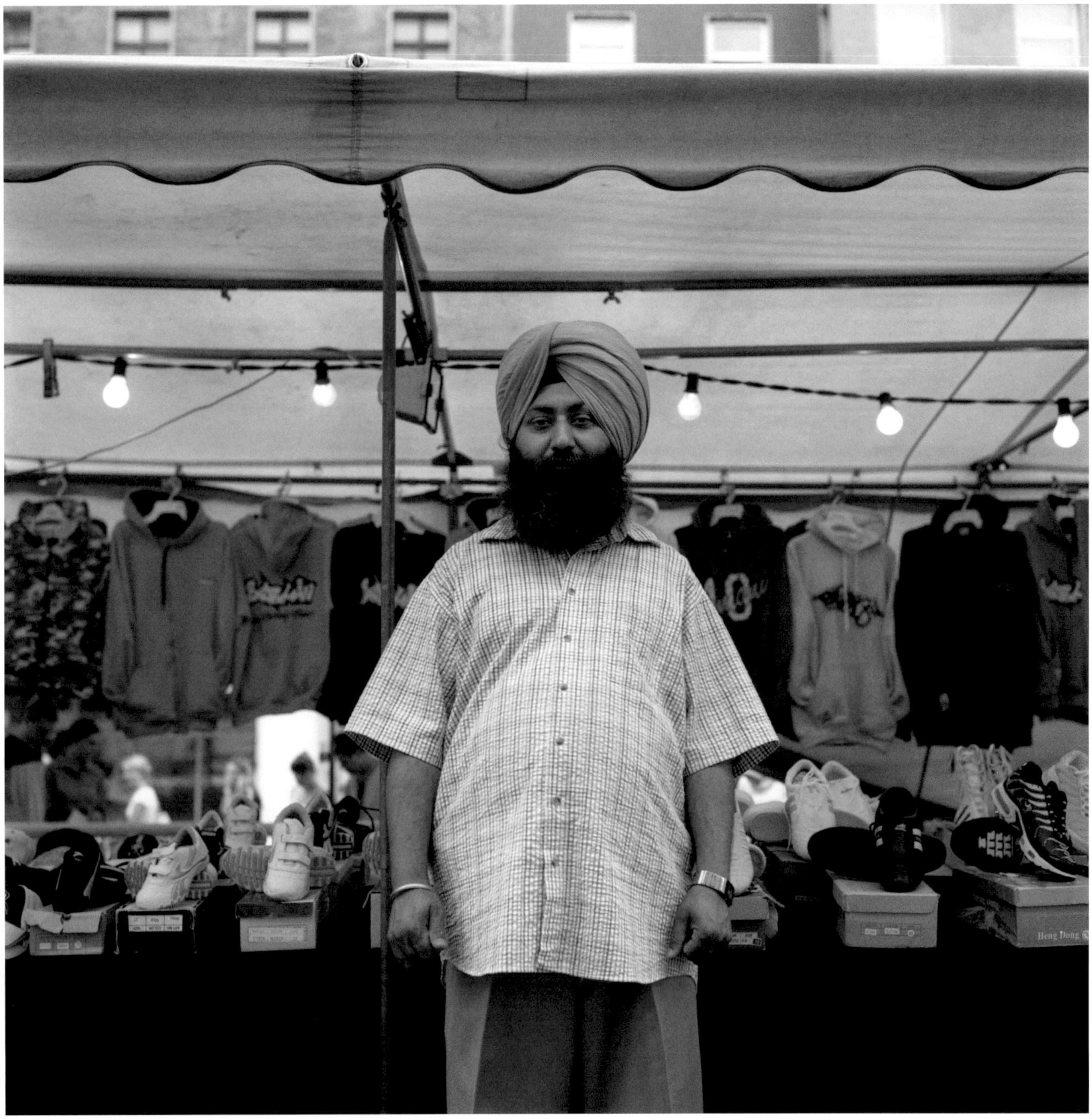

Wedding, 2006

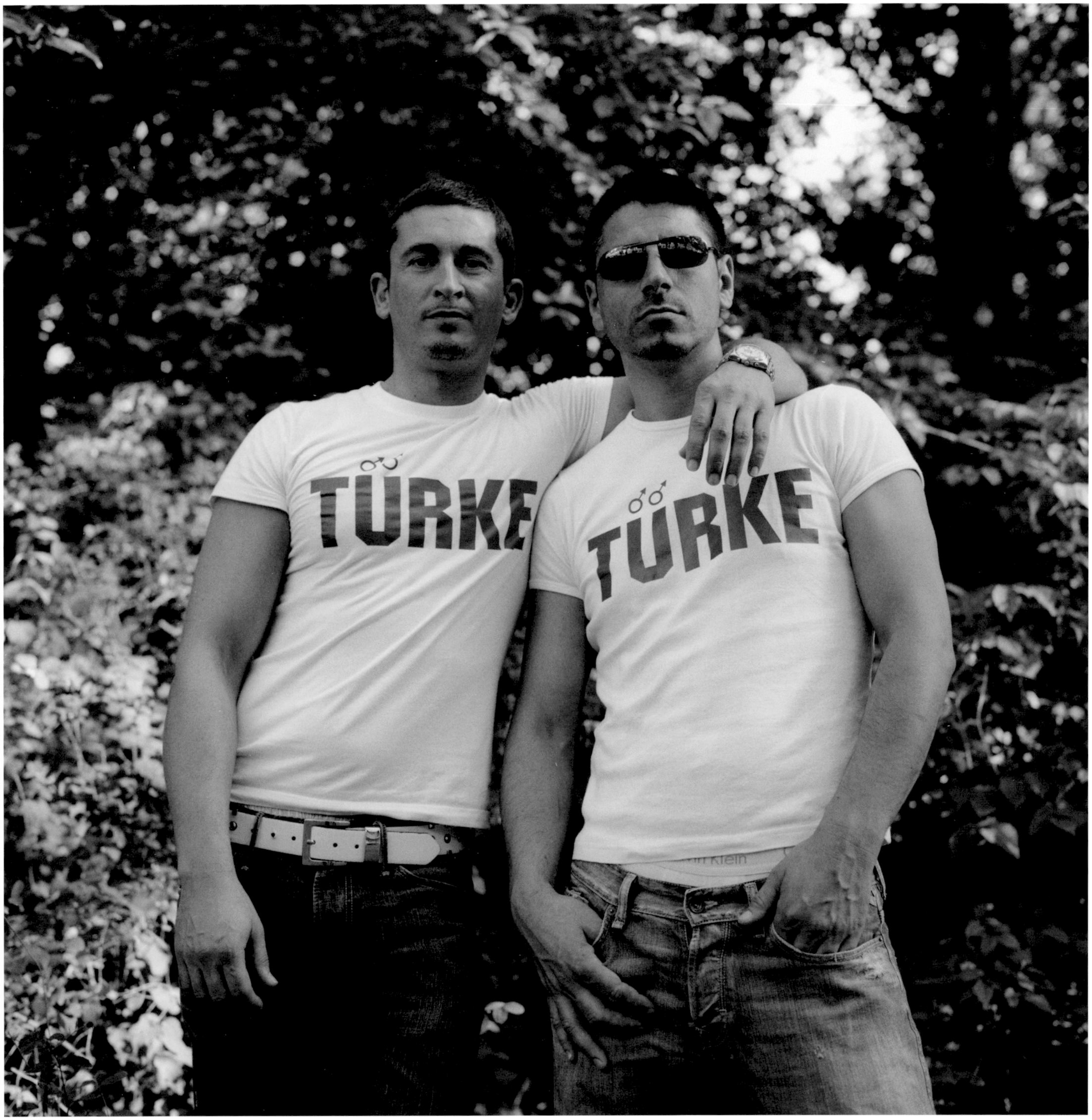

Tiergarten, 2006

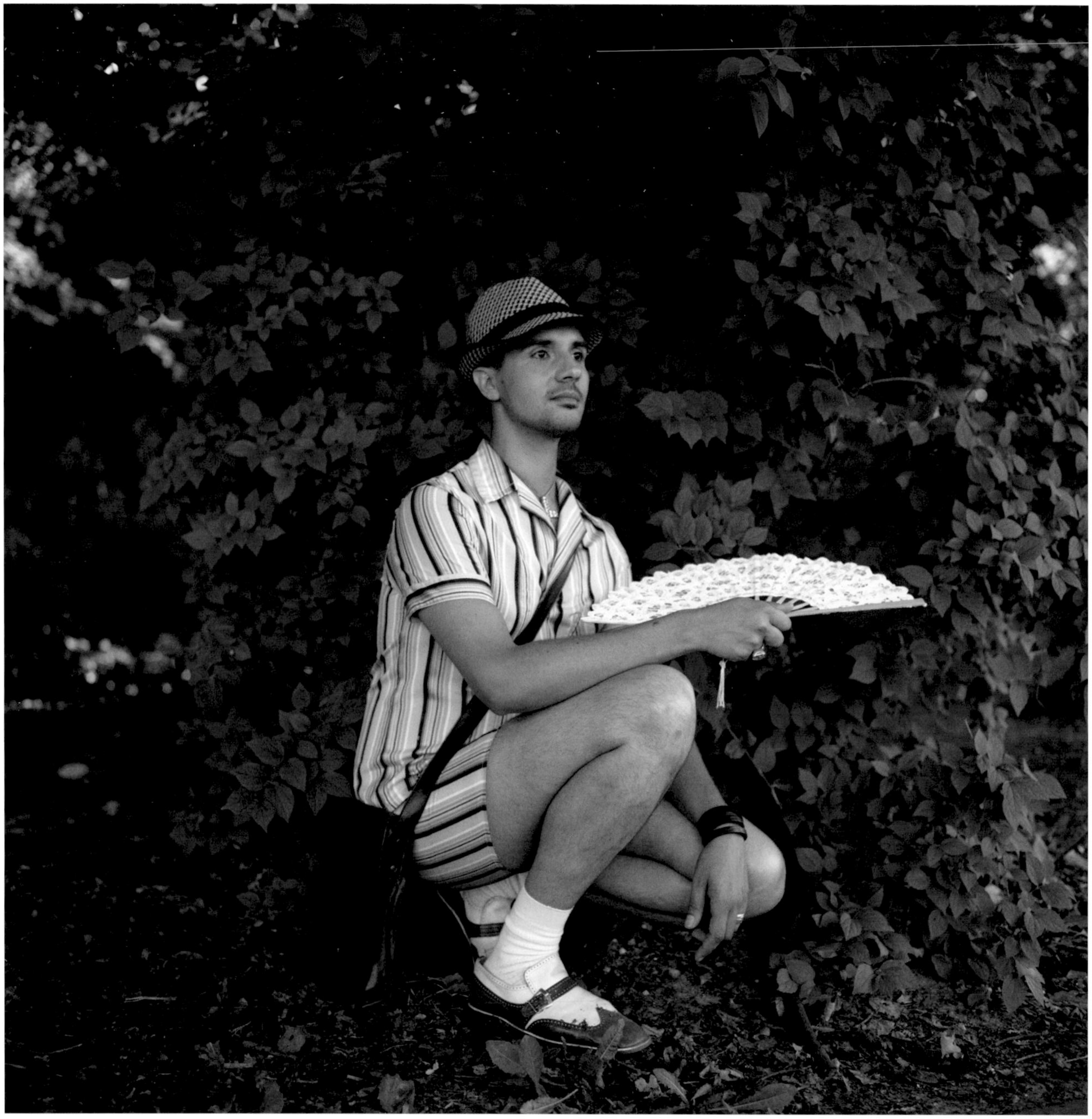

Tiergarten, 2006

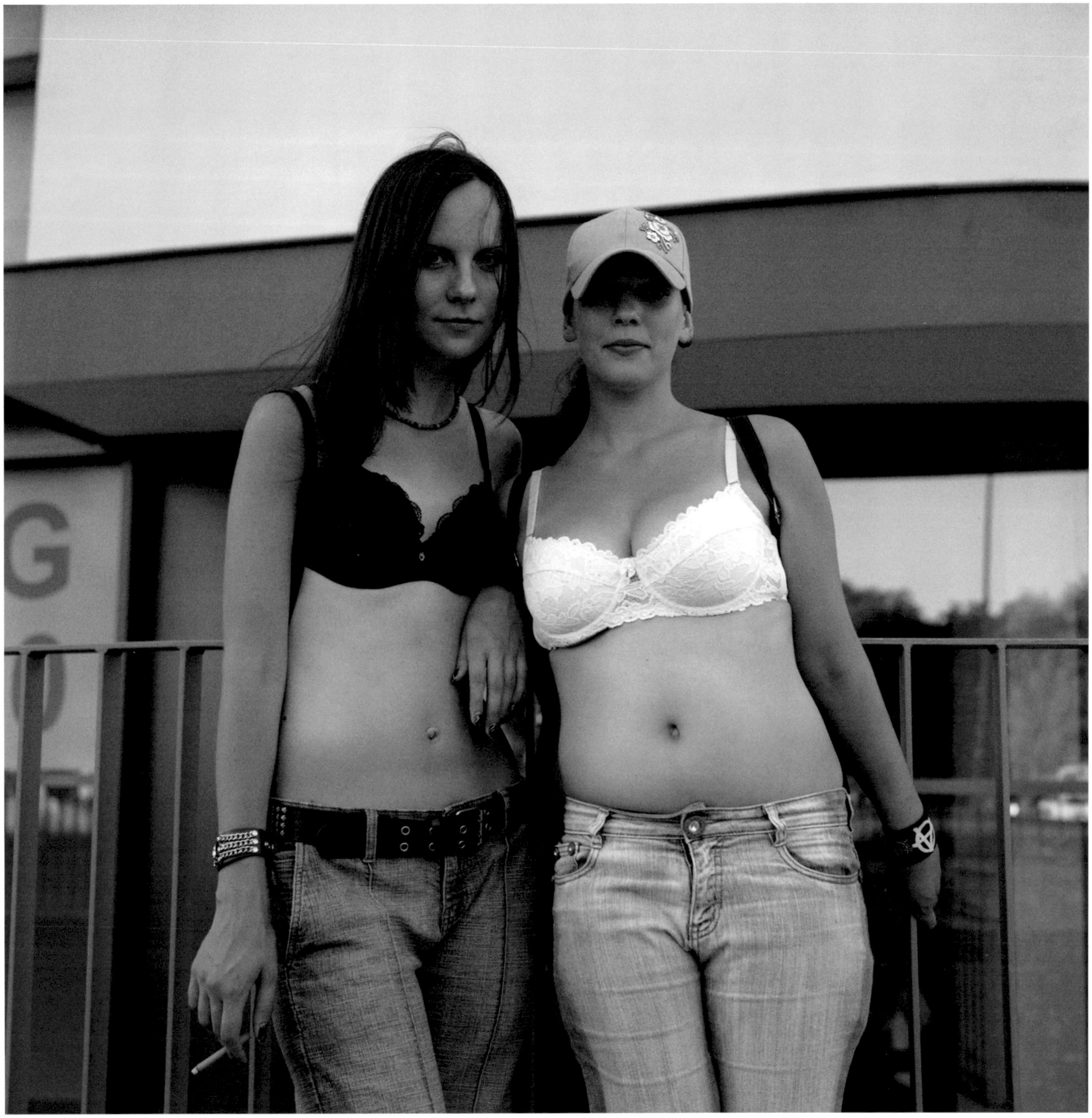

Tiergarten, 2006

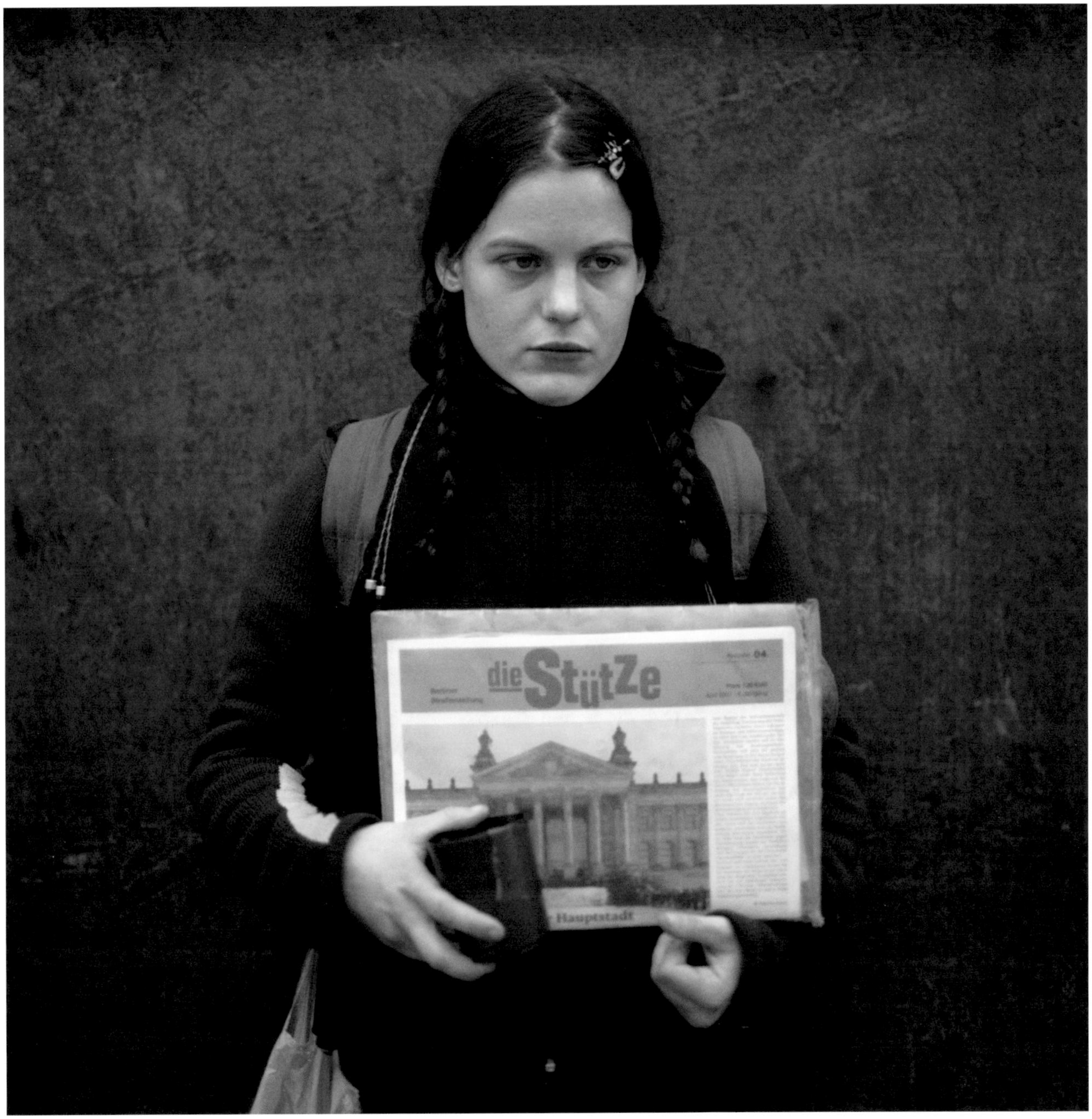

Mitte, 2007

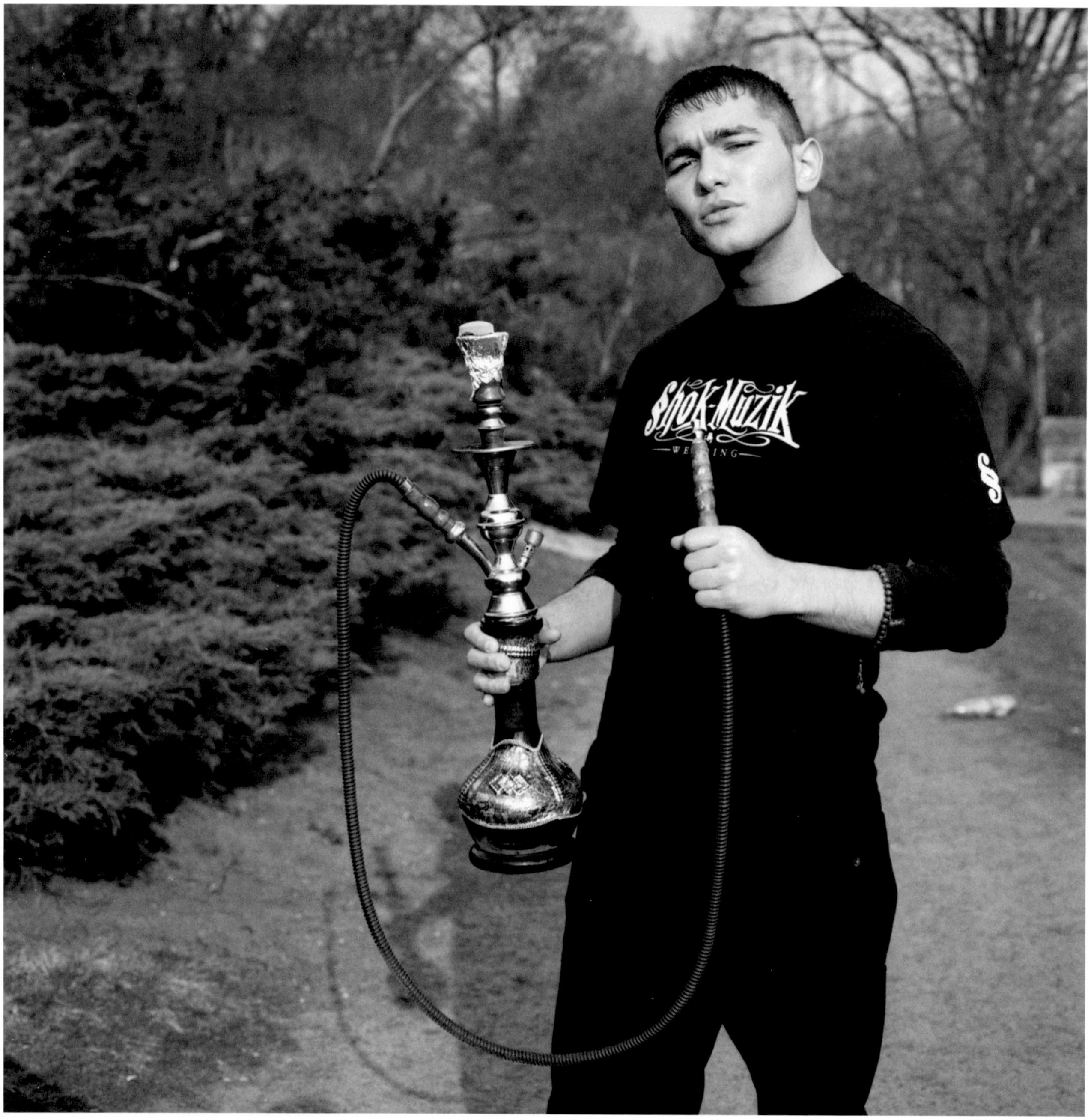

Wedding, 2007

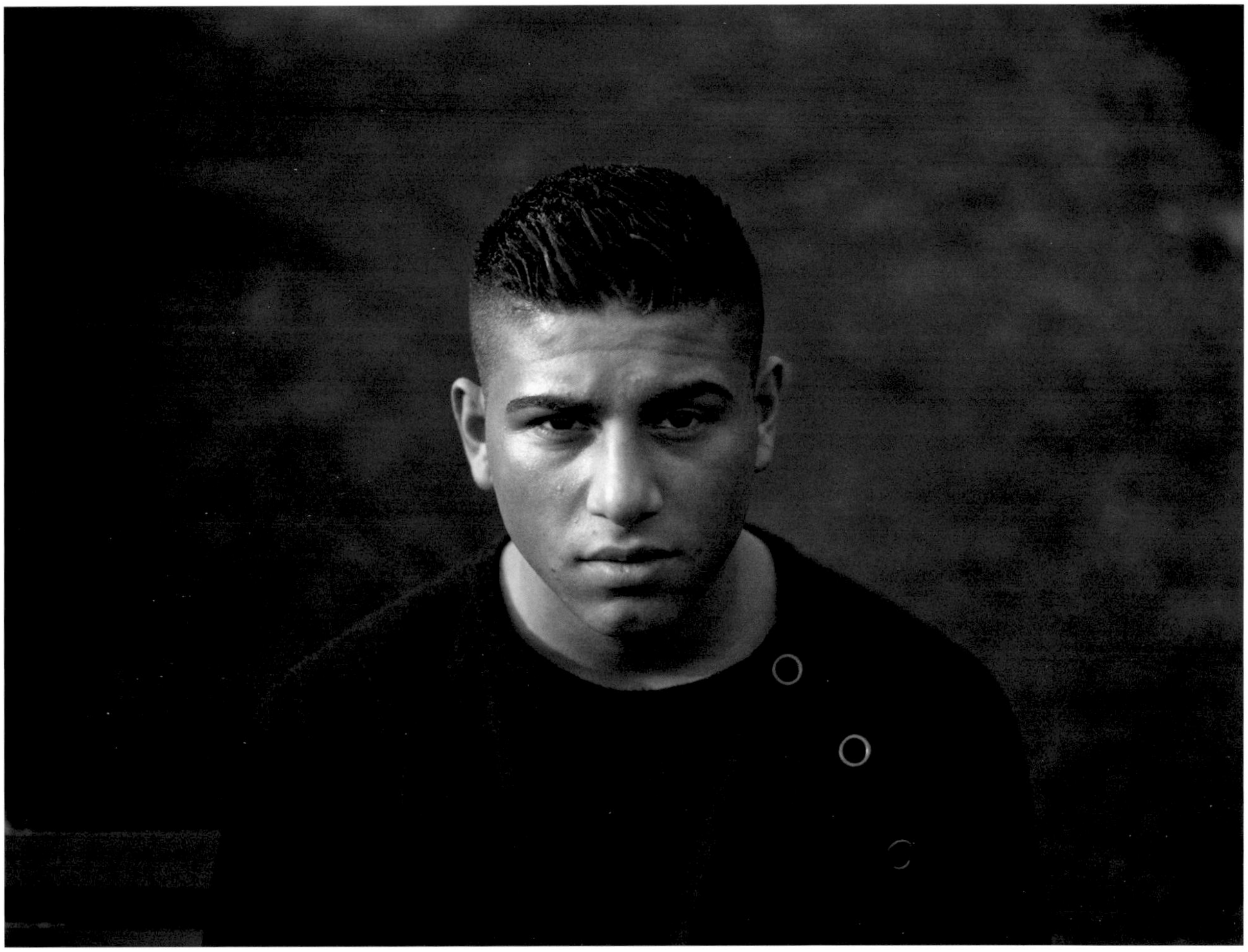

Wedding, 2007

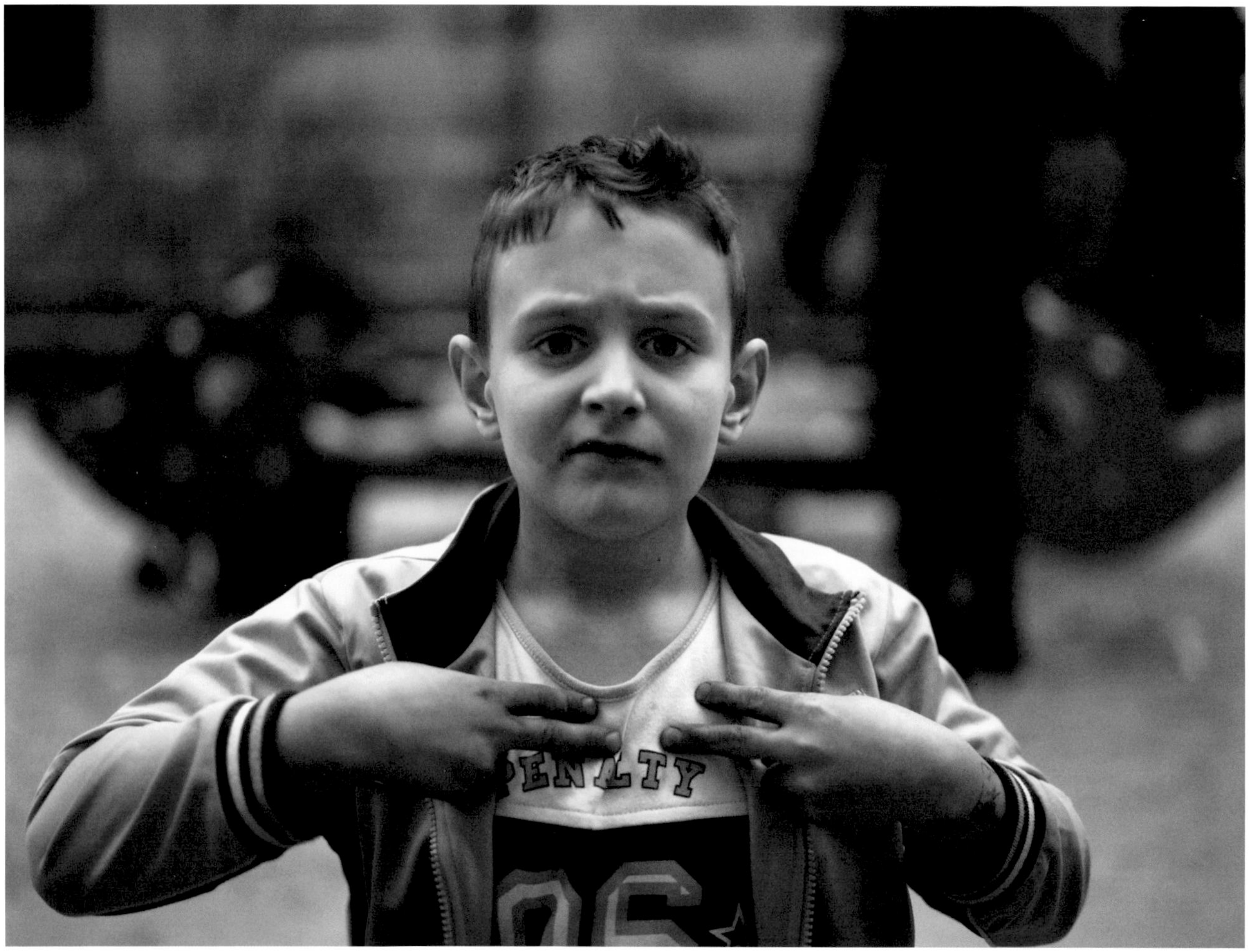

Wedding, 2007

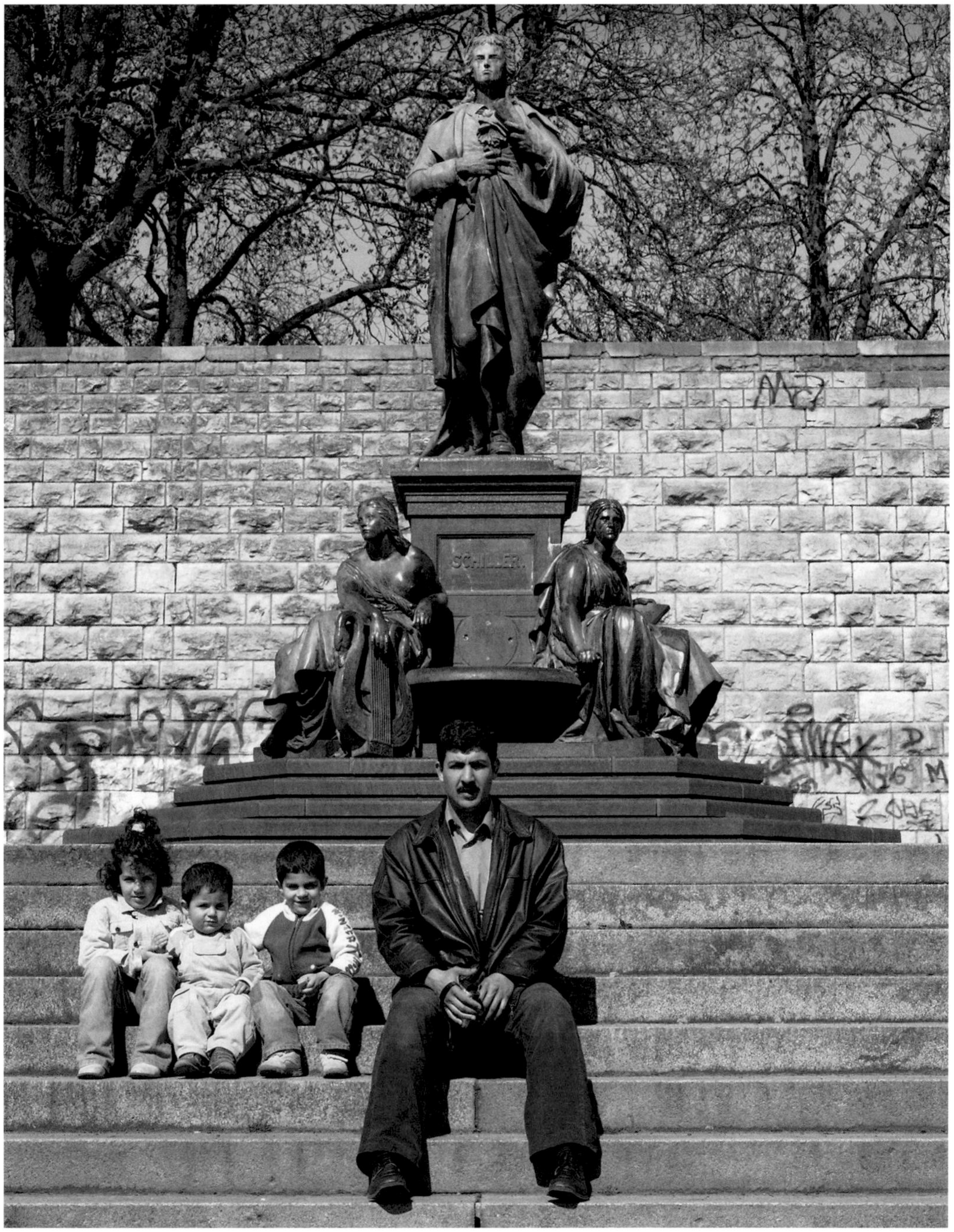

Wedding, 2007

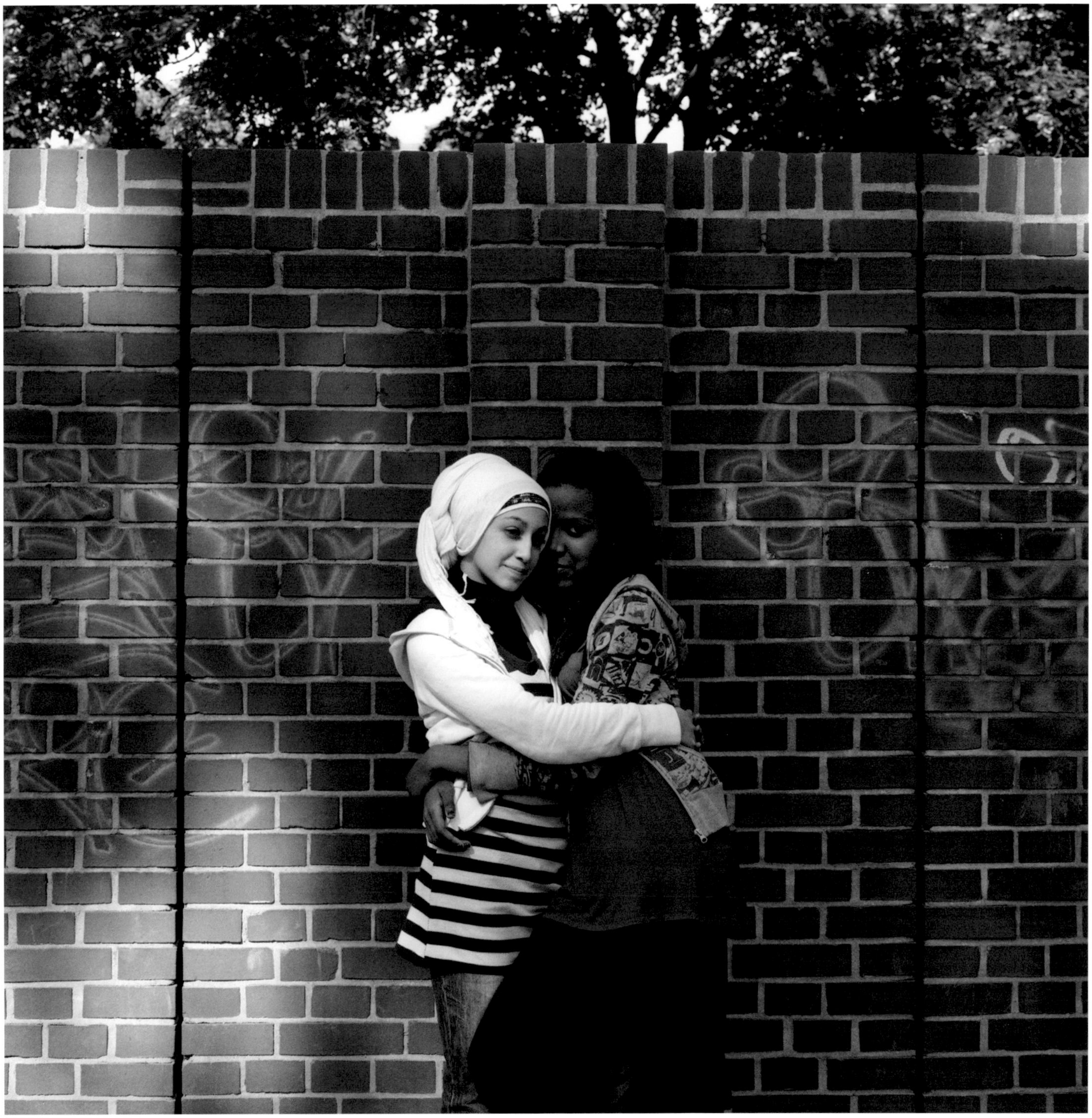

Wedding, 2009

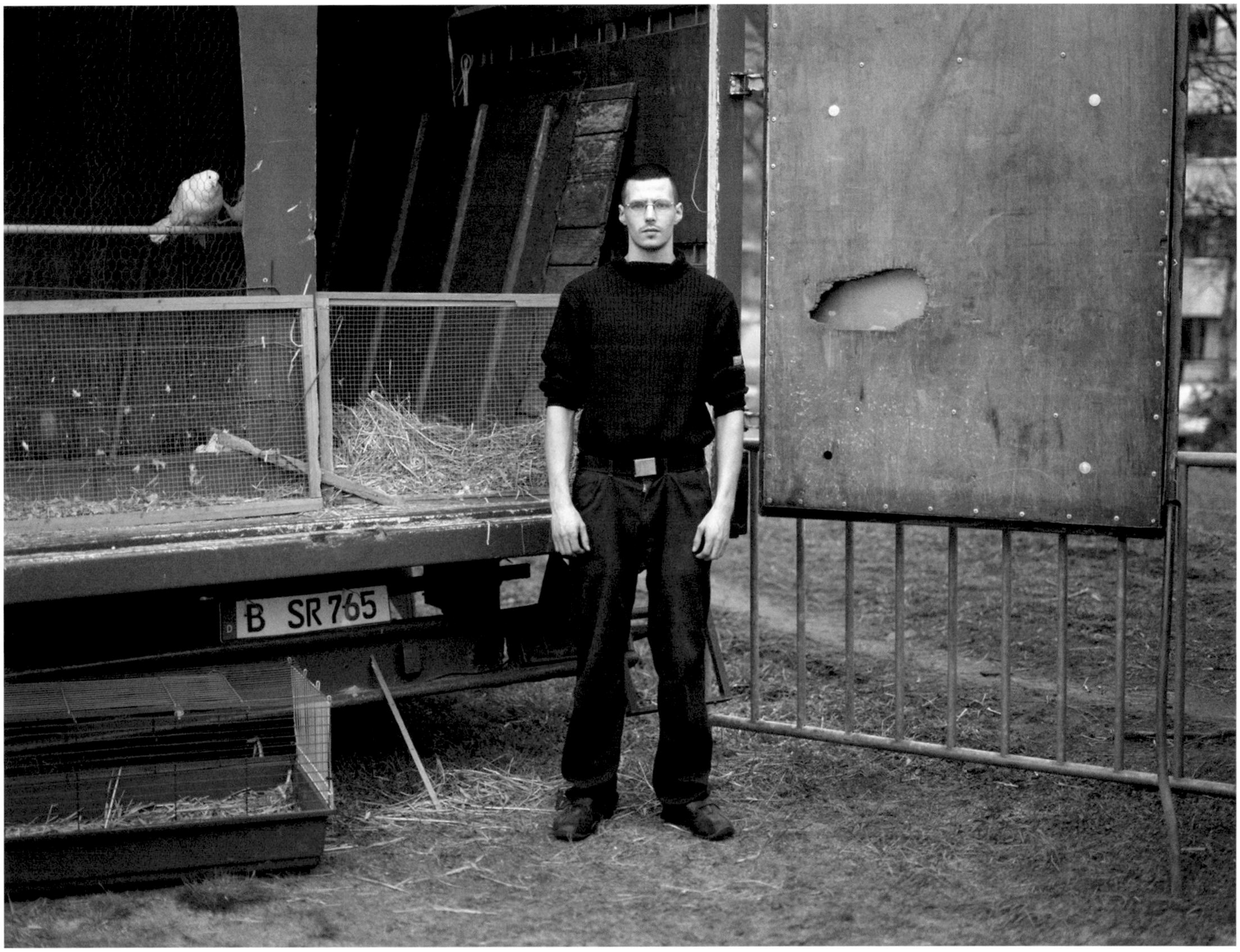

Wedding, 2010

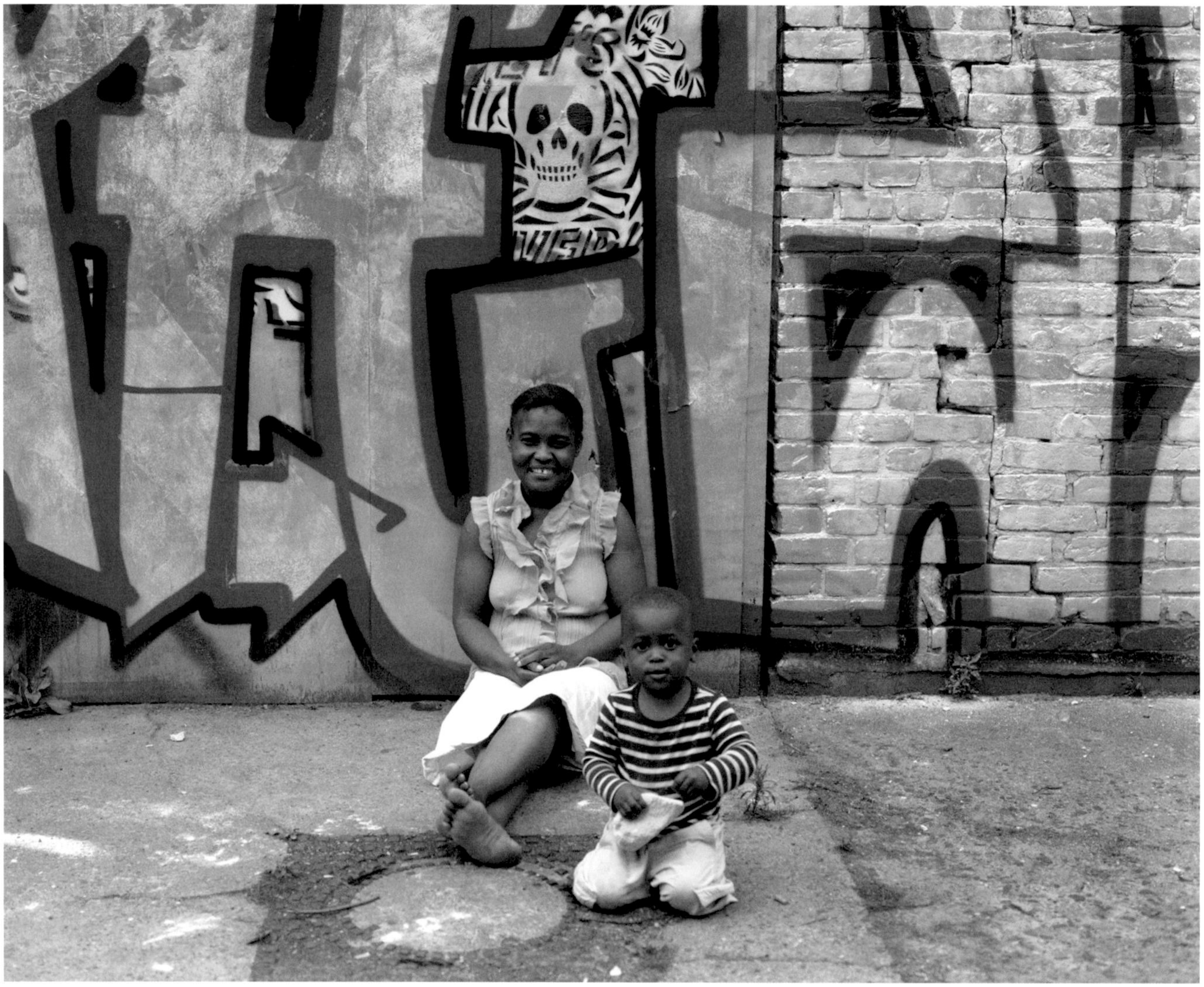

Kreuzberg, 2012

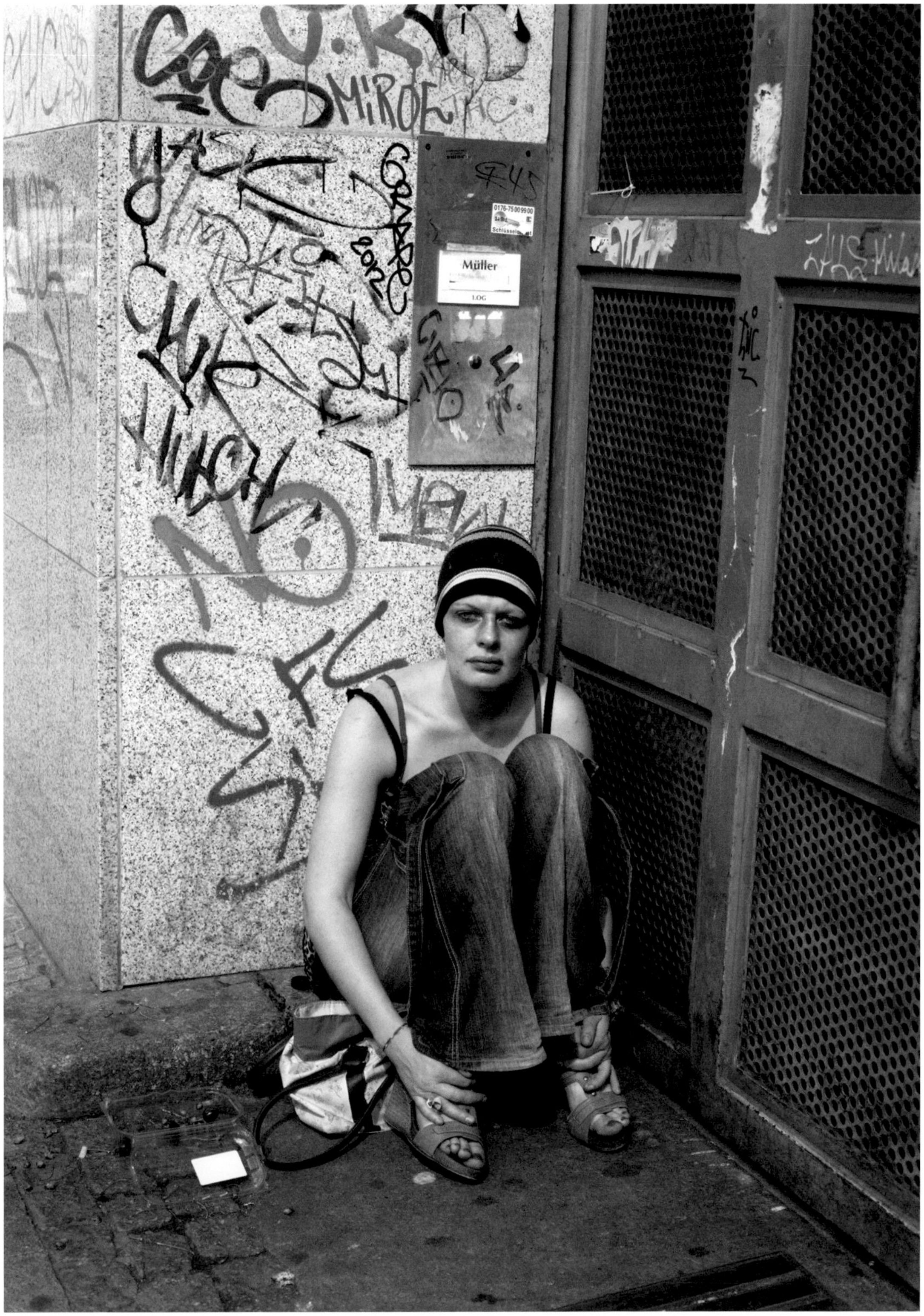

Friedrichshain, 2012

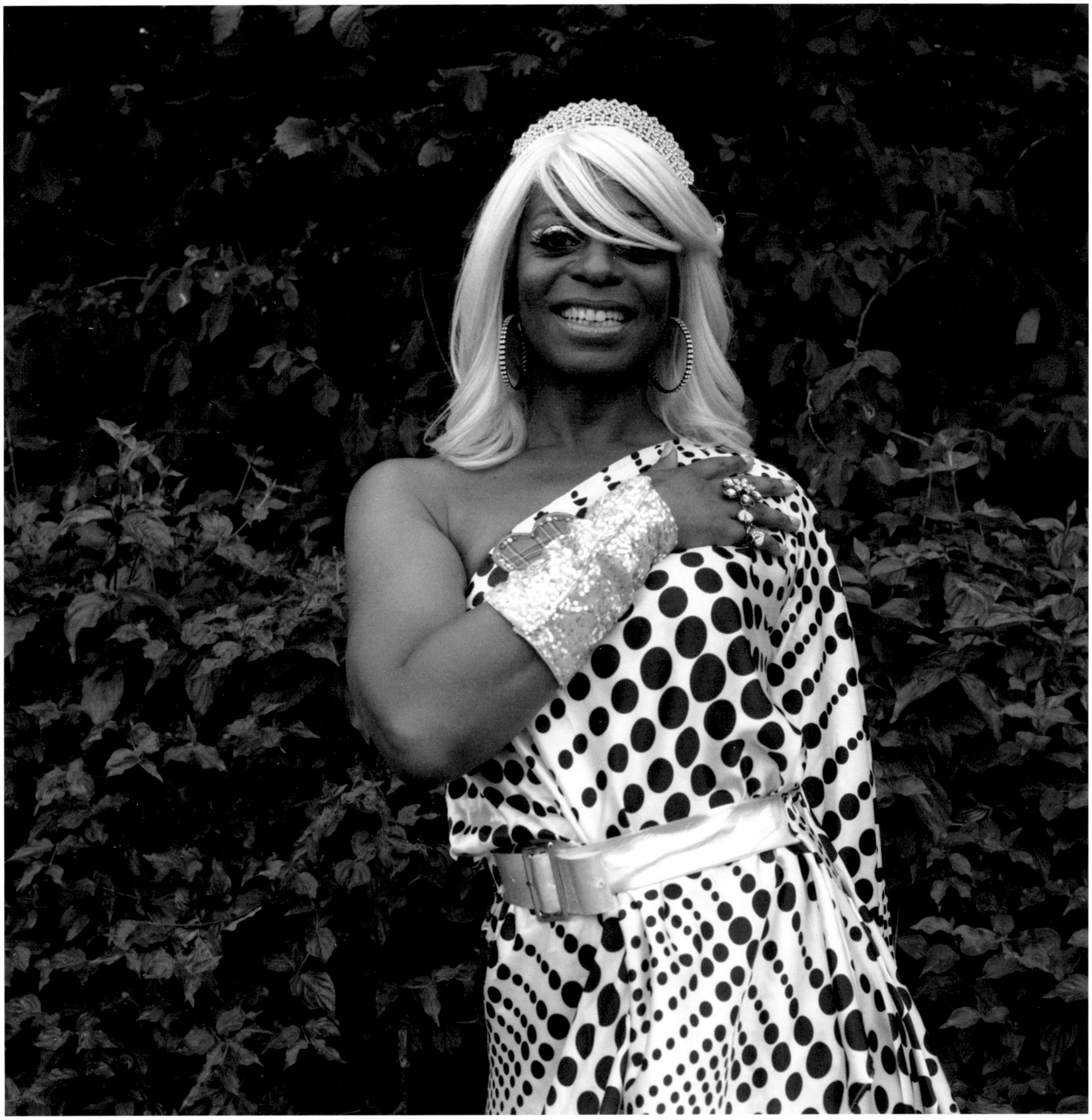

Tiergarten, 2012

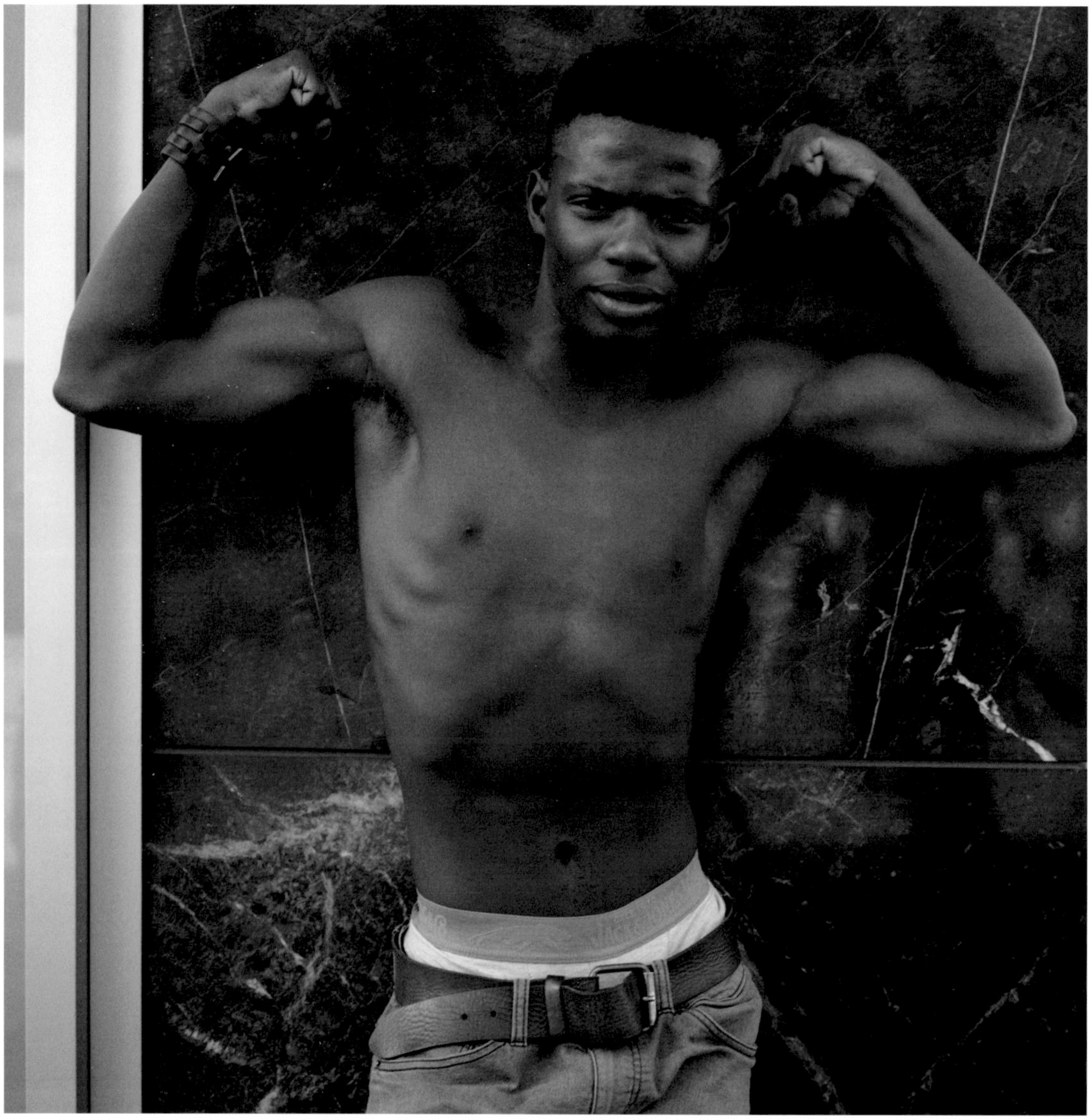

Mitte, 2012

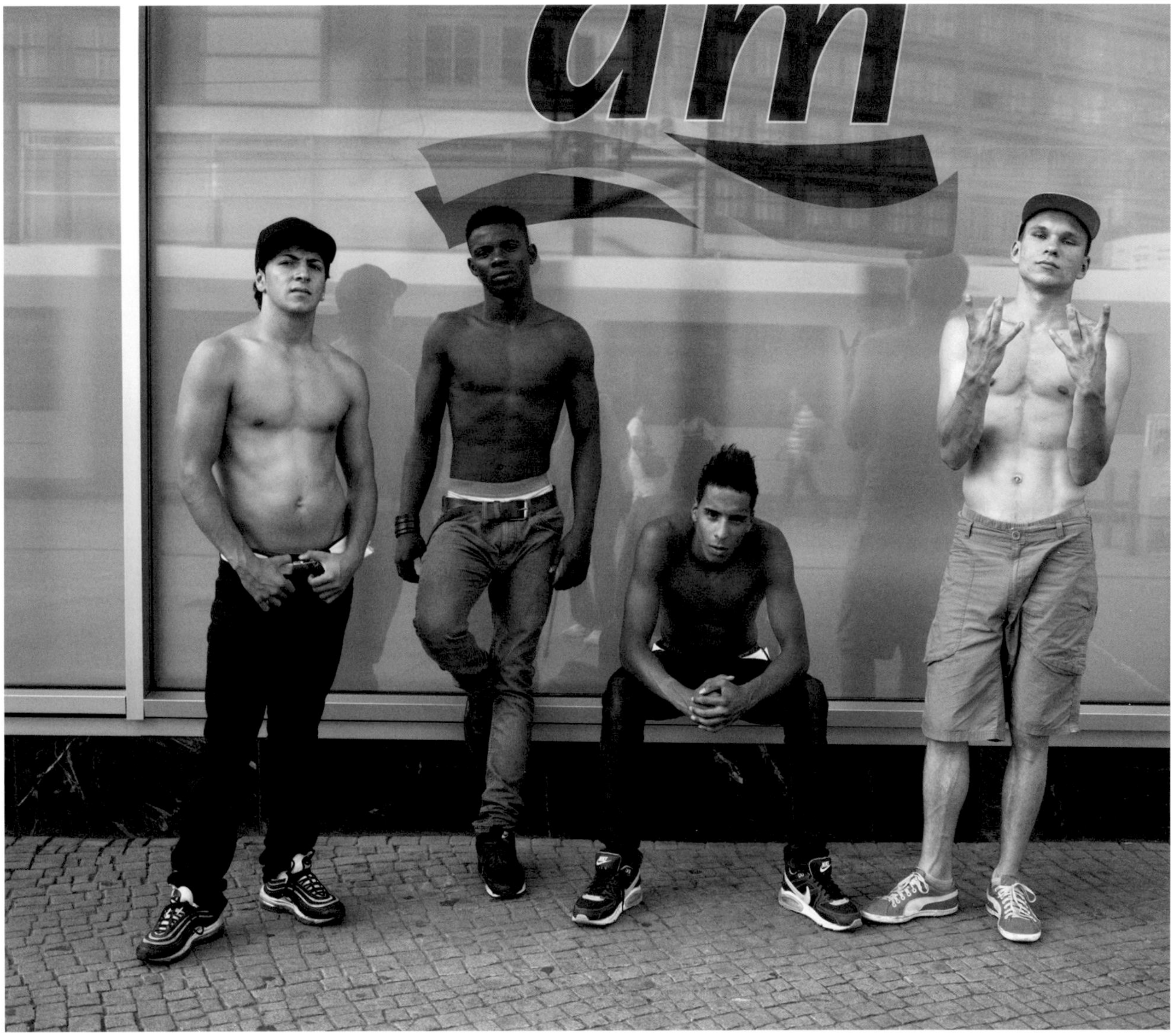

Mitte, 2012

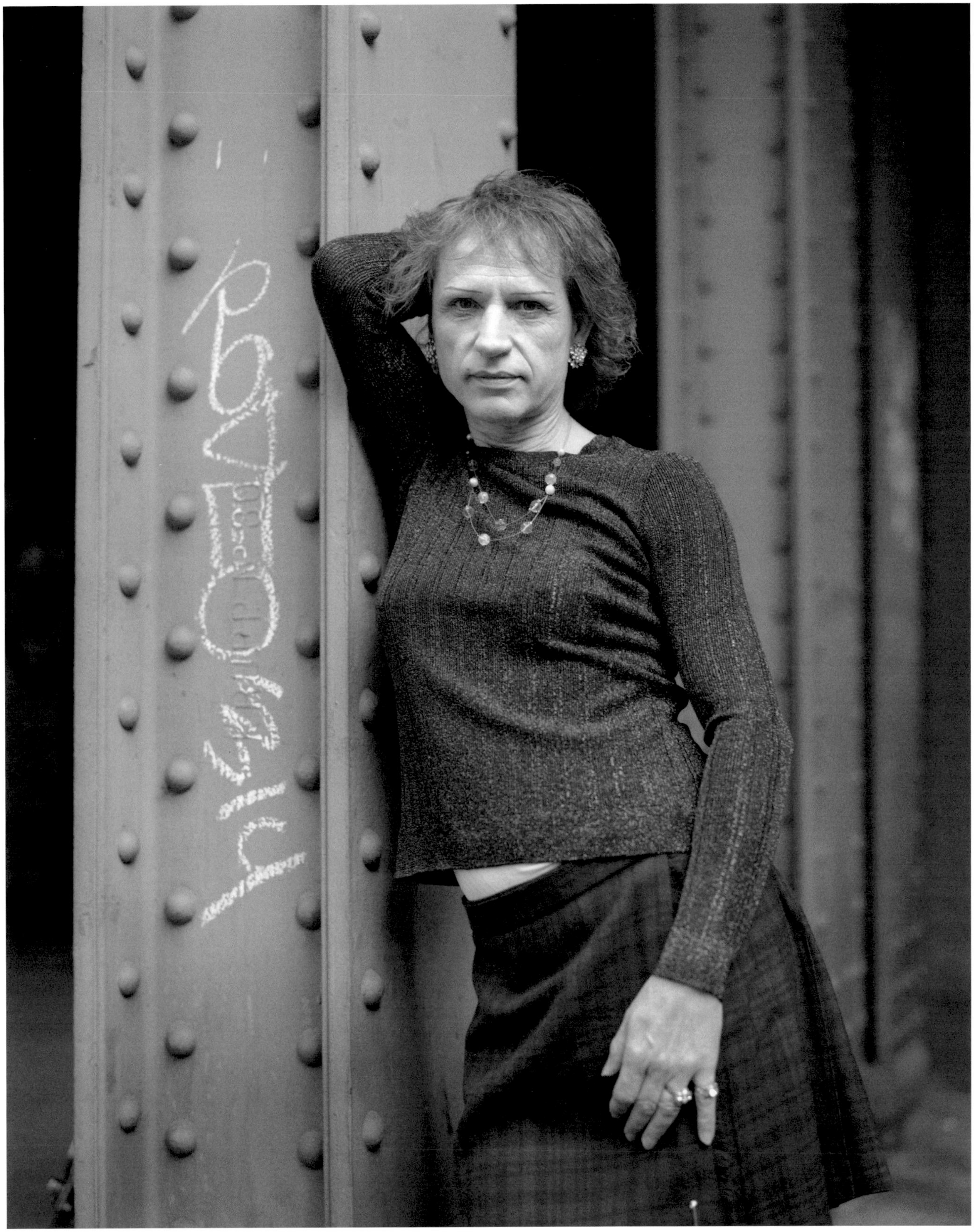

Charlottenburg, 2013

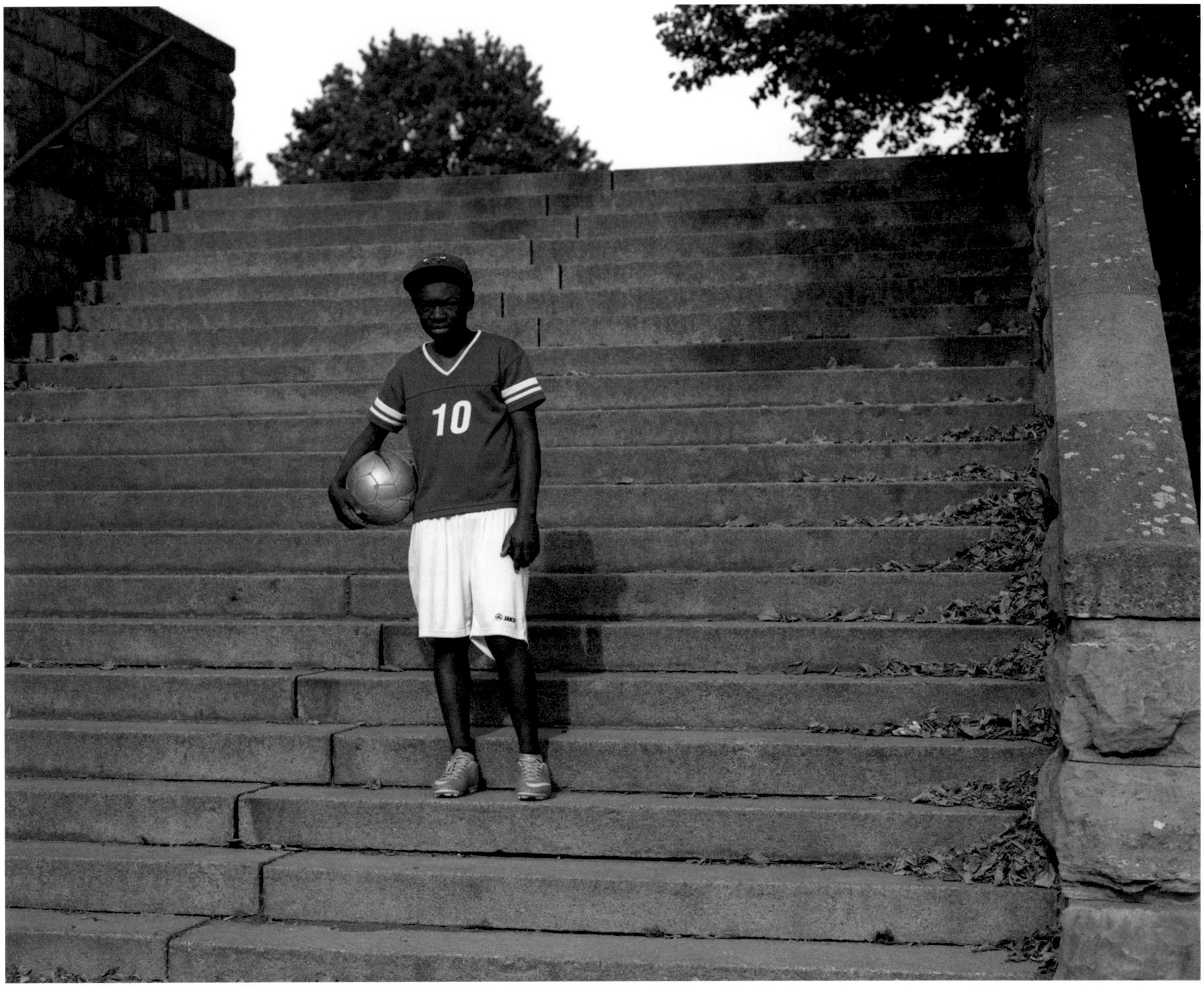

Wedding, 2014

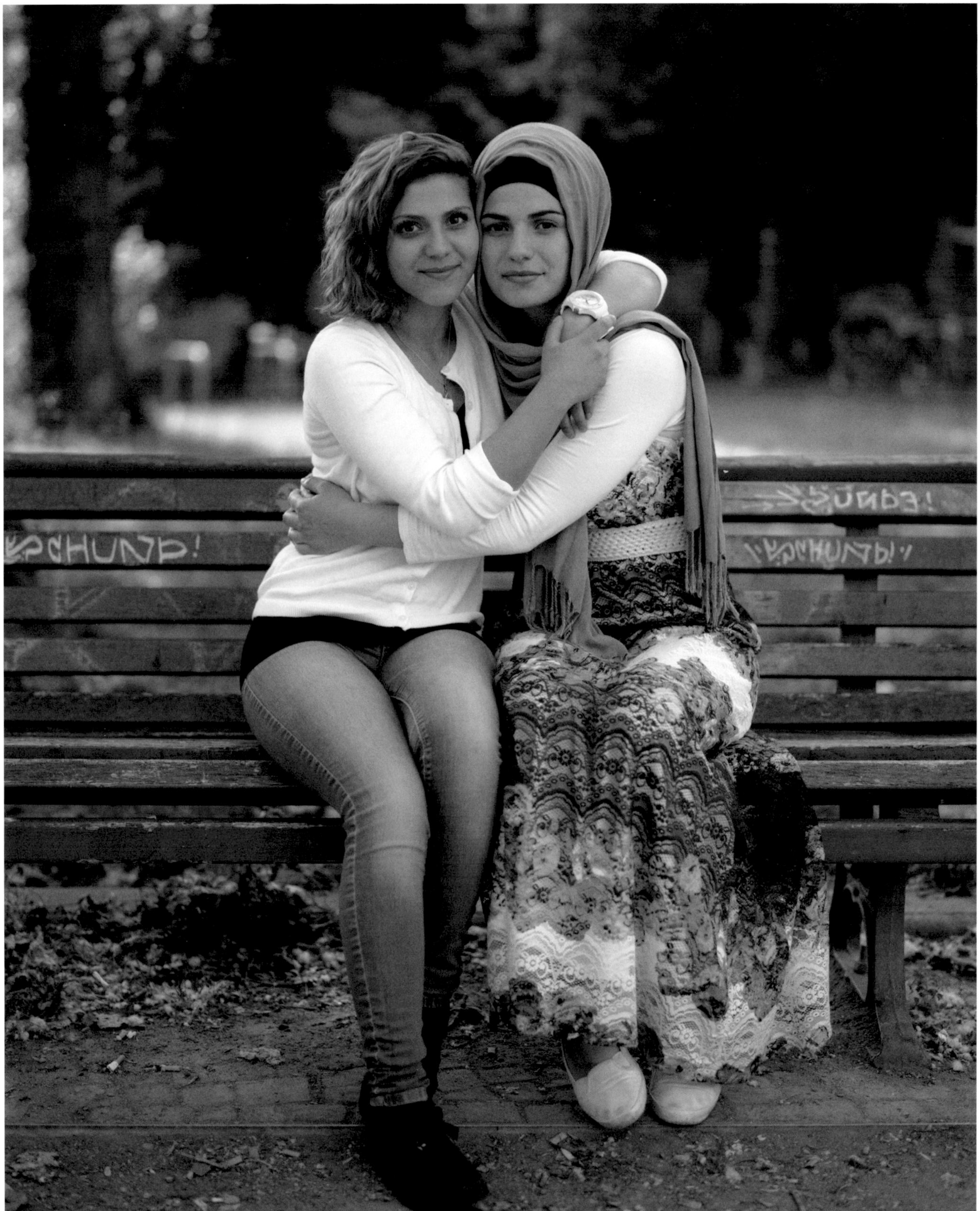

Kreuzberg, 2014

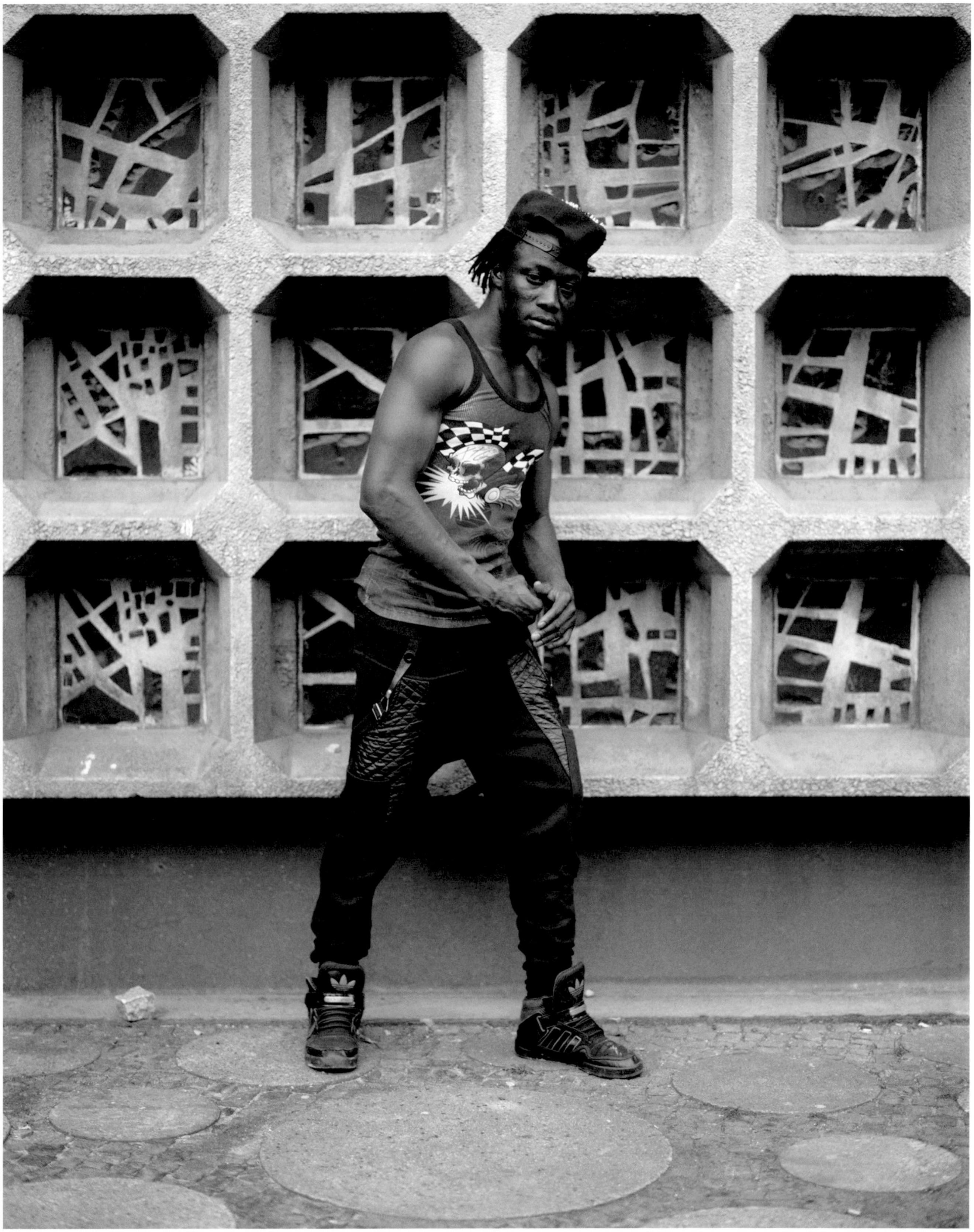

Charlottenburg, 2014

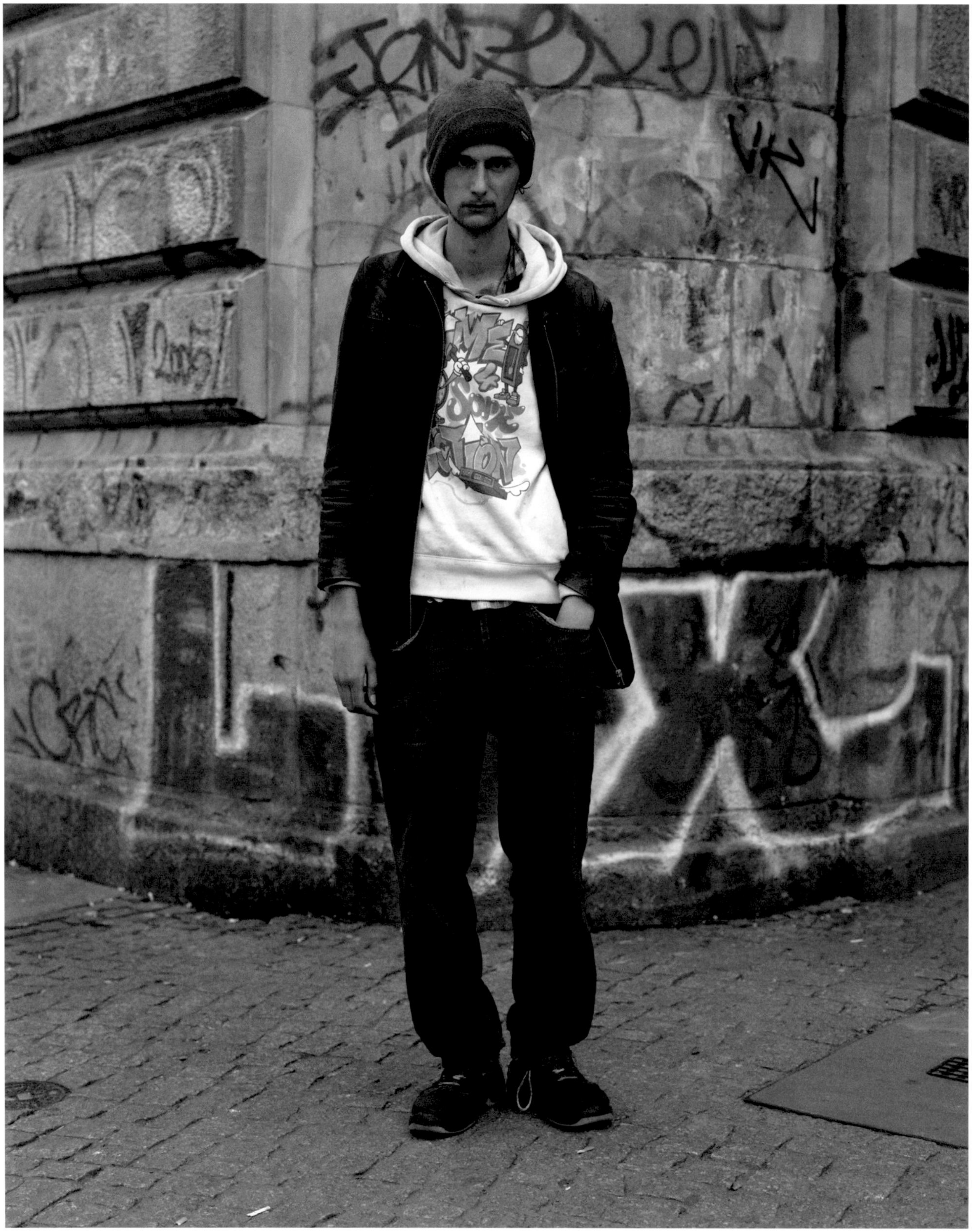

Mitte, 2015

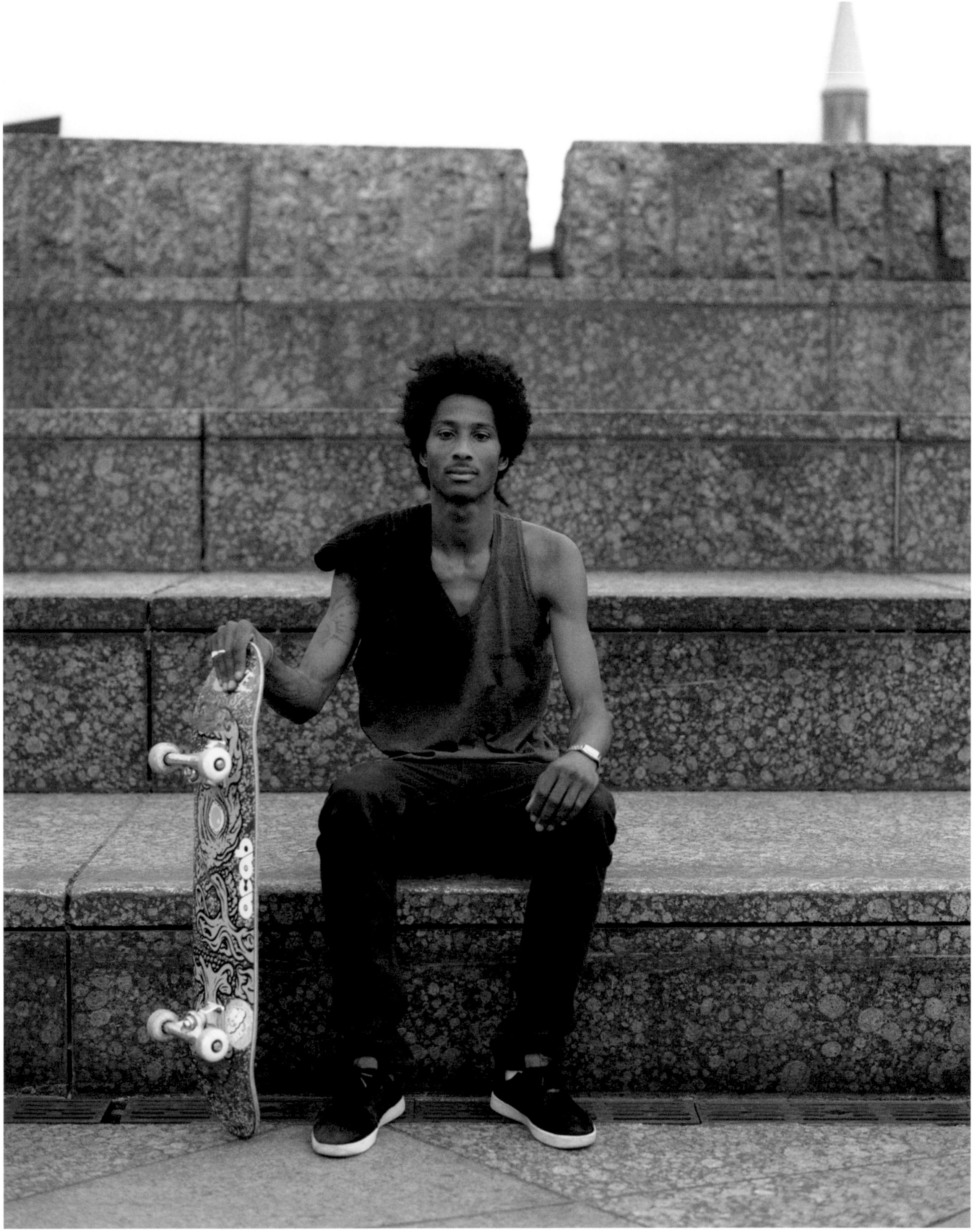

Tiergarten, 2015

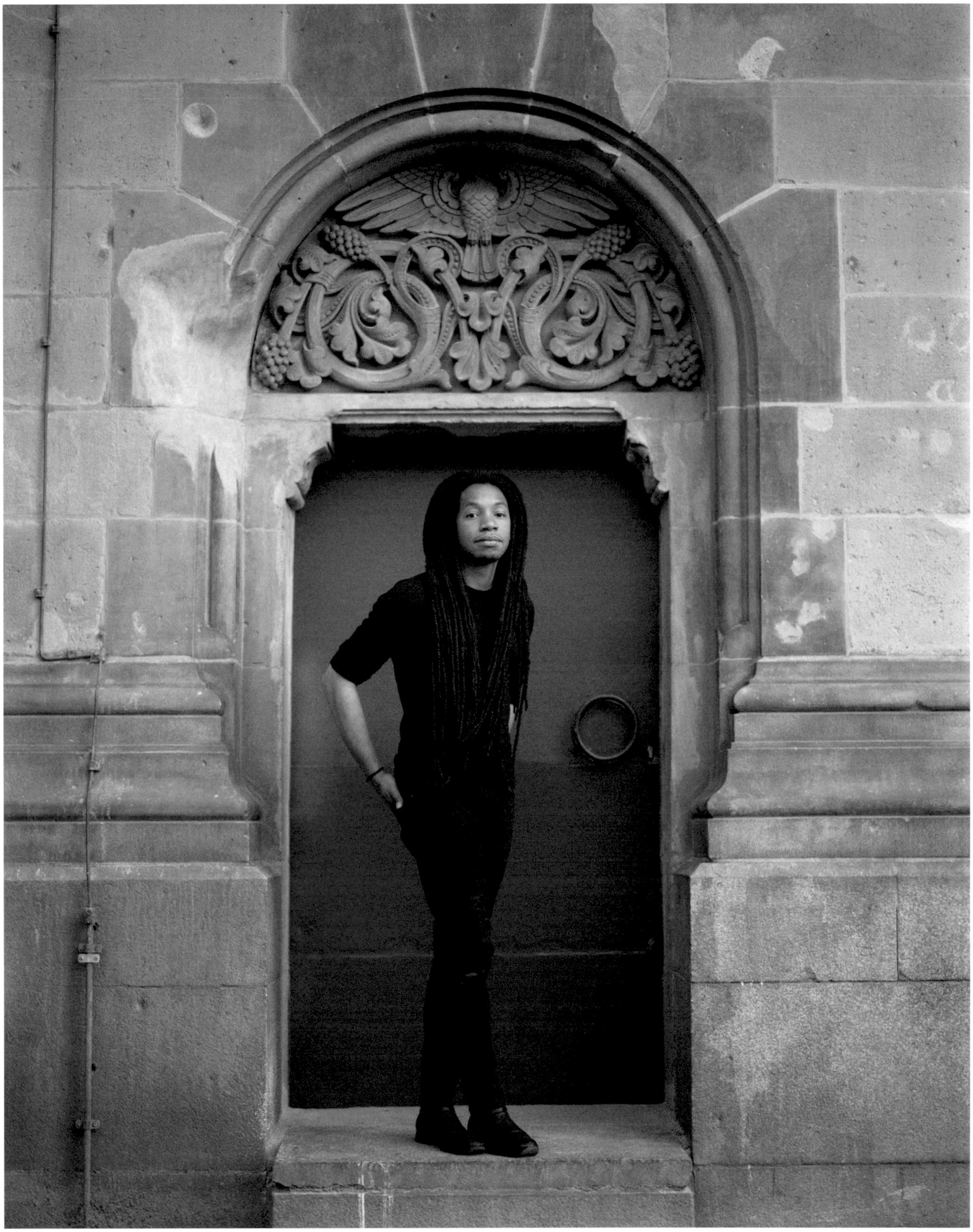

Charlottenburg, 2015

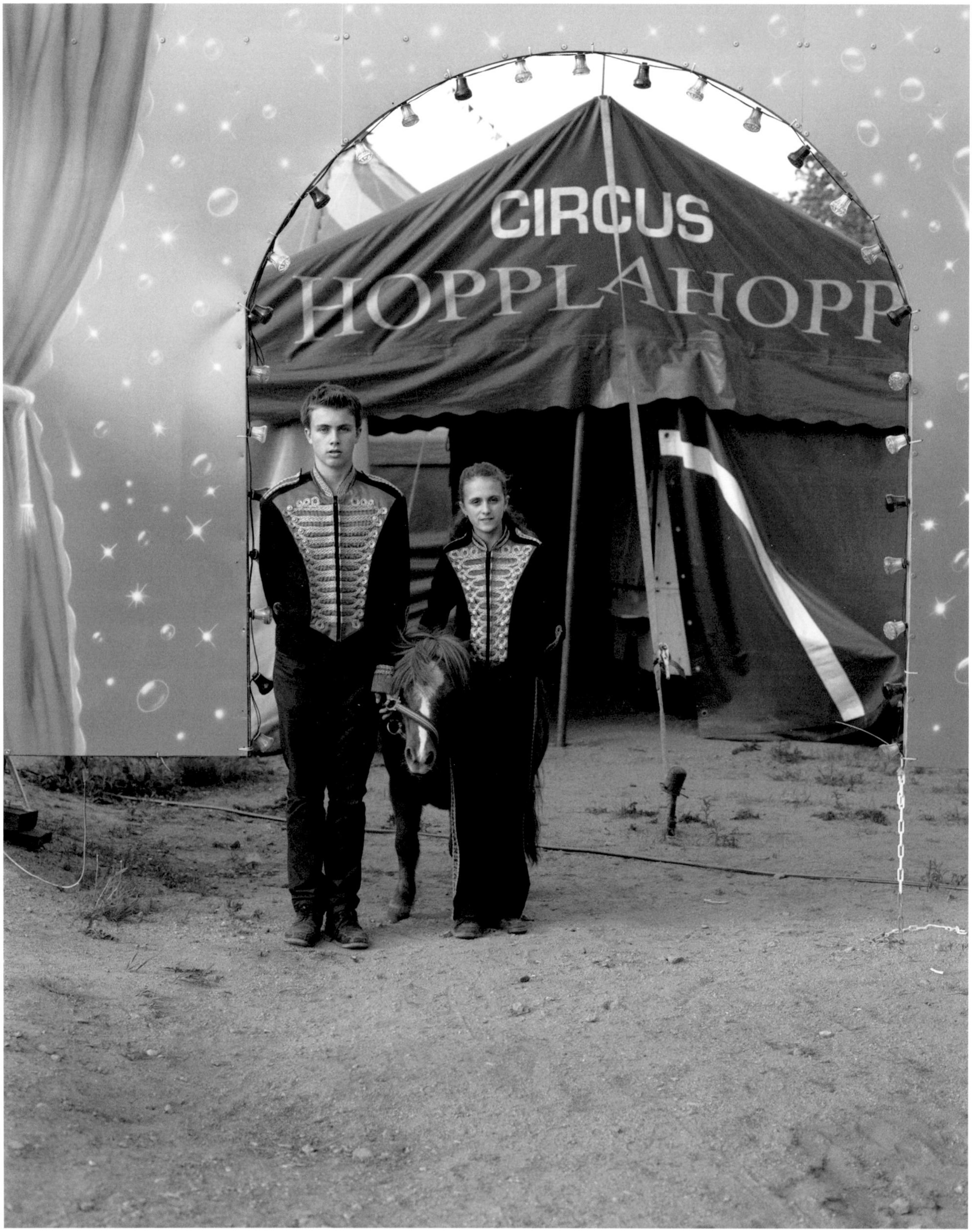

Steglitz, 2015

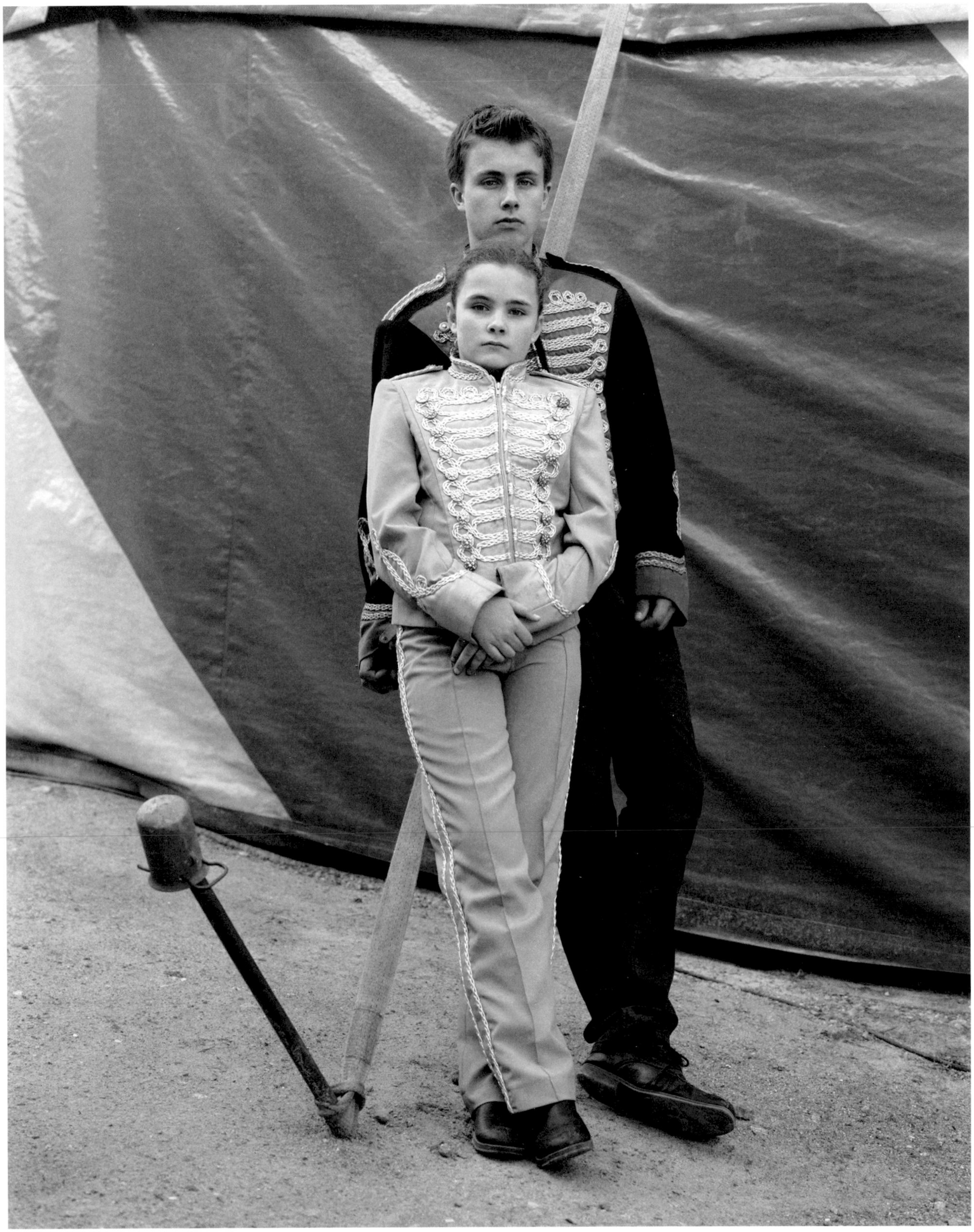

Steglitz, 2015

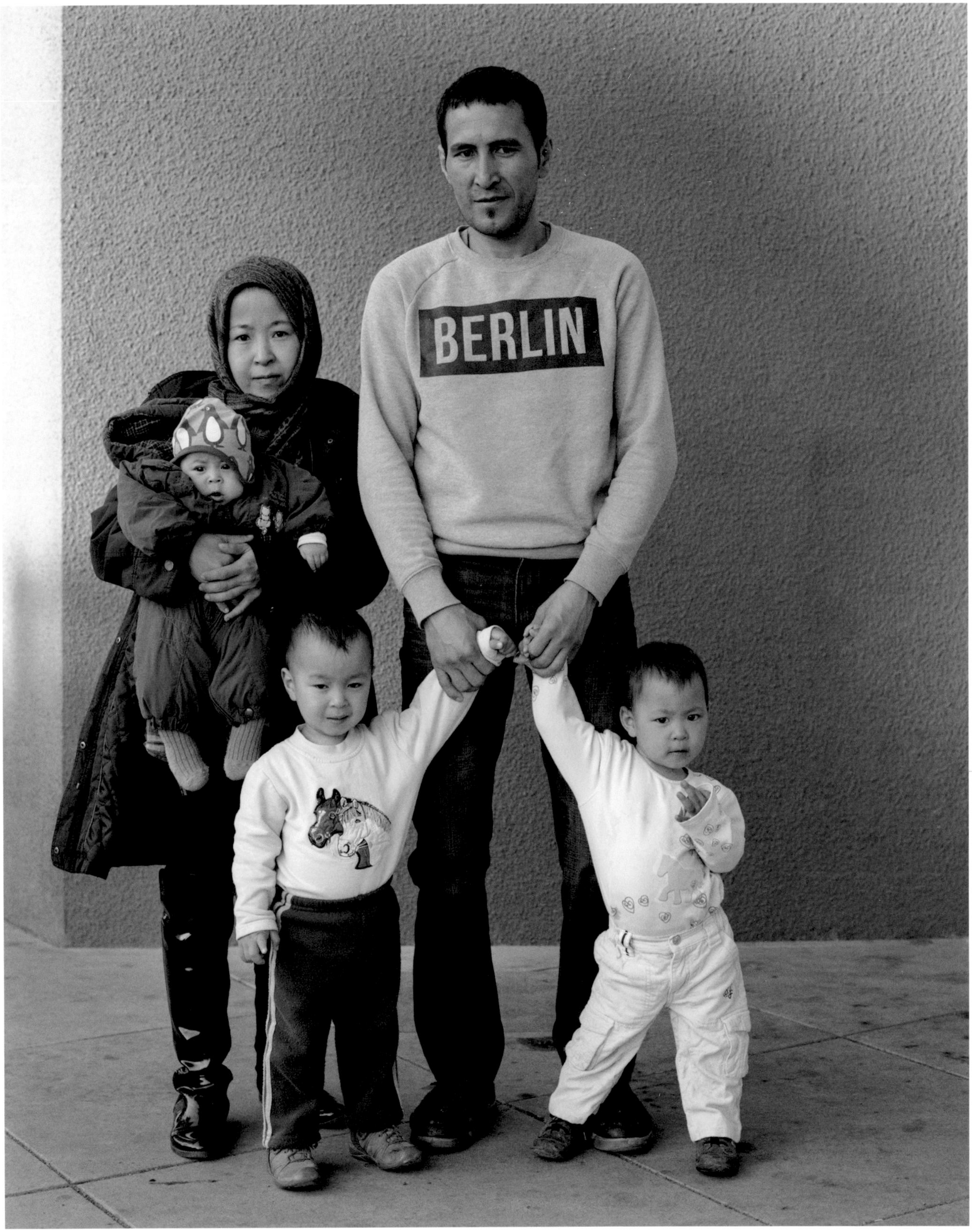

Mitte, 2016

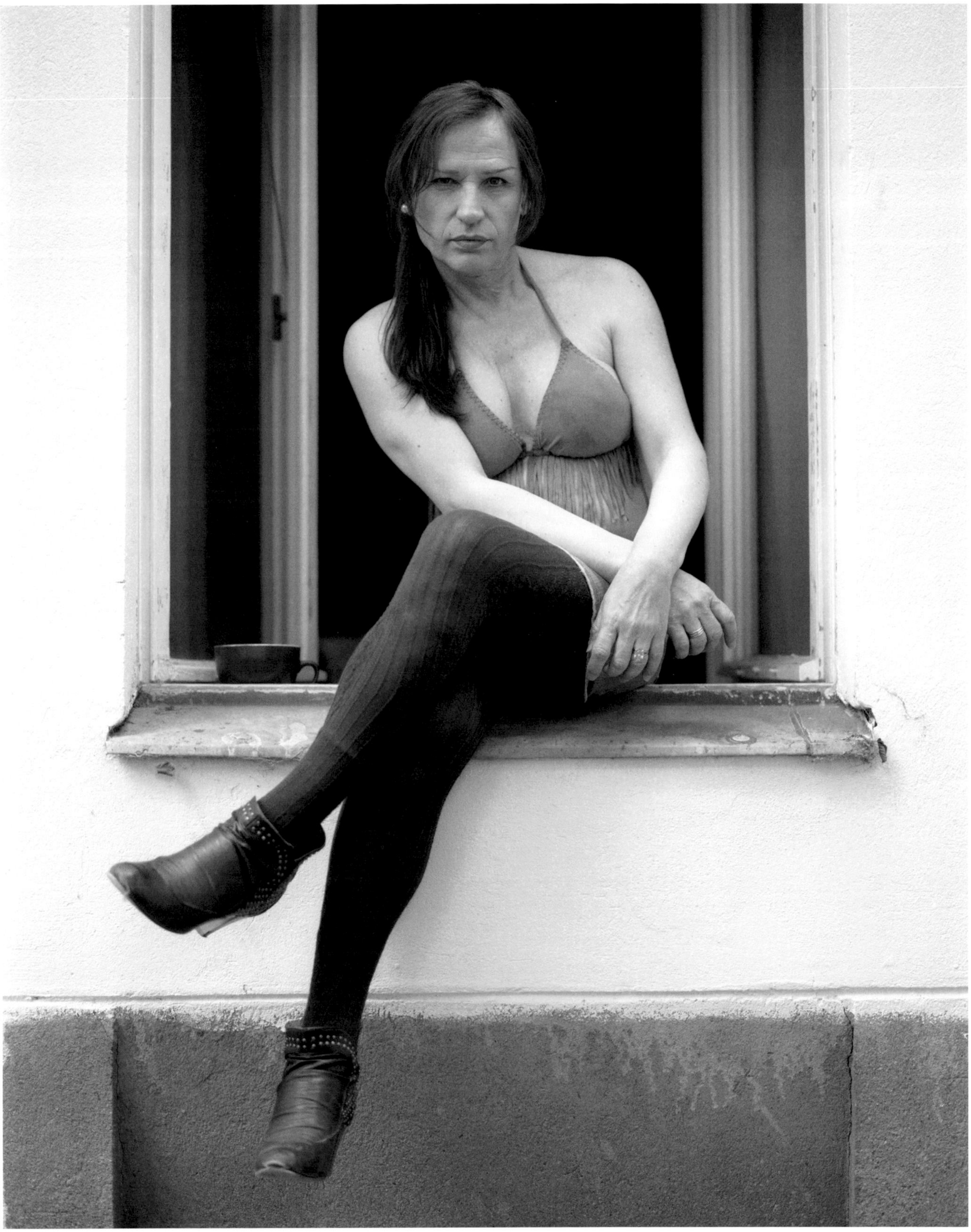

Charlottenburg, 2016

Biographies / **Biografien**

Alan Luft is Associate Professor of Art at Edgewood College, Madison, Wisconsin, USA, where he teaches lithography, photography, and video.
Alan Luft ist Associate Professor für Kunst am Edgewood College, Madison, Wisconsin, USA, wo er Kunstdruck, Fotografie und Video unterrichtet.

Stephen Brockmann is Professor of German at Carnegie Mellon University, Pittsburgh, Pennsylvania, USA, and the author of *A Critical History of German Film* (2010).
Stephen Brockmann ist Professor für Germanistik an der Carnegie Mellon University, Pittsburgh, Pennsylvania, USA, und Autor von *A Critical History of German Film* (2010).

Thank you to / **Dank an**

Klaus Kehrer, Alexa Becker, Daniel Sommer, Katharina Stumpf, René Henoch, and the Kehrer staff / und das Kehrer-Team; my immediate family / meine engste Familie, Nancy, Raighne, Kale, Lily; Fred & Sandy Luft, Steve Brockmann, Rick Oehling, Joachim Rissmann & Hotel Bogota, John Shimon, Julie Lindemann, Tom Jones, John Fields, the Akyol family / die Akyol-Familie, Olaf Meding.

Thank you to the following at Edgewood College / Dank auch folgenden Institutionen am Edgewood College: Art Department, History Department, Philosophy Department, The School of Arts and Sciences, Center for Global Education, Women's and Gender Studies, The Center for Multicultural Education, Diversity and Inclusion, Technology Assistance Center, Faculty Services, Faculty Mini-Grant Program.

This book was made possible with inspiration and help from Cavalliere Ketchum and Lennart Laberenz. / Dieses Buch wurde mit Inspiration durch und Hilfe von Cavalliere Ketchum und Lennart Laberenz verwirklicht.

In memoriam Vera Klein Luft, 1896–1979.

Texts / Texte: Stephen Brockmann, Alan Luft
Translation / Übersetzung: Stephen Brockmann
Copy editing / Lektorat: Anna E. Wilkens
Design, image processing, and production /
Gestaltung, Bildbearbeitung und Gesamtherstellung:
Kehrer Design Heidelberg

Bibliographic information published by the Deutsche
Nationalbibliothek. The Deutsche Nationalbibliothek lists
this publication in the Deutsche Nationalbibliografie;
detailed bibliographic data is available on the Internet at
http://dnb.dnb.de.
Bibliografische Information der Deutschen Nationalbibliothek.
Die Deutsche Nationalbibliothek verzeichnet diese Publikation
in der Deutschen Nationalbibliografie; detaillierte bibliografische Daten sind im Internet über http://dnb.dnb.de abrufbar.

Printed and bound in Germany
ISBN 978-3-86828-686-1

Kehrer Heidelberg Berlin
www.kehrerverlag.com